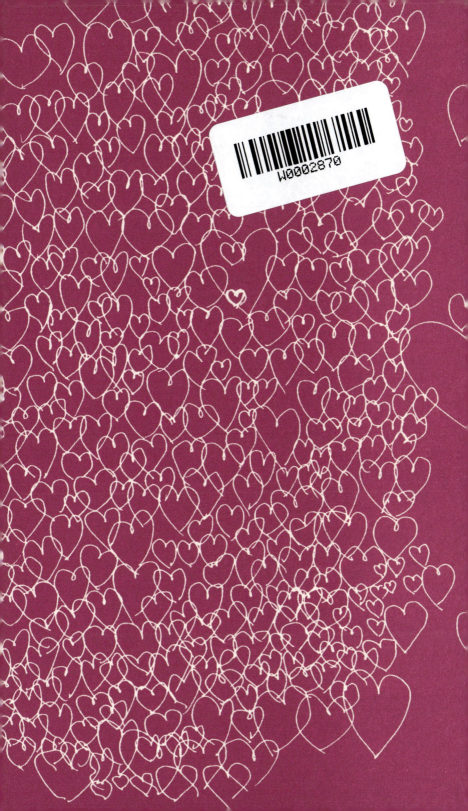

Chris Lohner

Artige und unartige Liebesbriefe

Seifert Verlag

Umwelthinweis: Dieses Buch und der Schutzumschlag
wurden auf chlorfrei gebleichtem Papier gedruckt.
Die Einschrumpffolie – zum Schutz vor Verschmutzung –
ist aus umweltverträglichem und recyclingfähigem
PE-Material.

2. Auflage
Copyright © 2005 by Seifert Verlag GmbH, Wien

Umschlaggestaltung: Rubik Creative Supervision
Coverfoto: Inge Prader
Grafik: Franziska Helmreich und Barbara Honauer
Satz und Layout: Joseph Koo´
Druck und Bindung: Theiss, Wolfsberg
Printed in Austria

ISBN: 3-902406-17-8

INHALT

In Liebe für Sie   Seite 11

IN SACHEN LIEBE VON IHNEN   Seite 15
Hier finden Sie alles wieder, was ich aus
Ihren Briefen ausgewählt habe!
Vorerst natürlich: Er an sie, sie an ihn!
Und da geht es manchmal ziemlich rund!
Alter spielt keine Rolle, und so gibt es den
Liebesbrief eines Zwölfjährigen an seine
elfjährige Angebetete und auch jenen der
reifen Frau an einen jungen Mann! Sogar
ein Wildpfleger griff zur Feder ... fast
unter Lebensgefahr!

AN MUTTER, VATER, KINDER,
SCHWESTER USW.   Seite 37
Und wie die Überschrift schon sagt, eine
größere Familienangelegenheit. Habe
natürlich auch hier wieder einiges aus
meiner Sicht zu sagen!

AN EIN TIER   Seite 51
Eigentlich an mehrere! Nämlich an Kater
Willi oder an Sittich Tweety oder auch an
ein namenloses Vogelfindelkind!
Schade nur, dass diese Geschöpfe nicht
lesen können!

AN STADT UND LAND
Das können Sie sich vermutlich schon denken: Die Stadt ist natürlich Wien. Und das Land? Na, sehen Sie selbst!

Seite 63

INS NETZ GEGANGEN
bin ich speziell für Sie, um mal zu sehen, wer wem heutzutage wie ins Netz geht! Poleposition: die Jugend!
SMS, die schnellste Liebesbezeugung, der rascheste Volltreffer mitten ins Herz der/des Angebeteten. Darf nicht fehlen!

Seite 71

LOVELETTERS
Quasi die Erweiterung der SMS. Wenn einmal mehr Zeit zum Schreiben ist. Manchmal klingt's wie zu Shakespeares Zeiten, manchmal nach Courths-Mahler, manchmal wie bei den Hell's Angels.

Seite 77

GELIEBTE FANPOST
Also, es ist doch nur ein Bruchteil dessen geworden, was sich im Laufe der Jahre angesammelt hat, beziehungsweise was ich auch aufgehoben habe. Einfach bunt gemischt, manchmal zu bunt ...

Seite 97

DAS IST SCHON KLASSISCH
Dafür habe ich viele Lexika, Biografien und andere Quellen verwendet, um für

Seite 109

Sie ein wenig die Stimmung von „einst"
einzufangen! Aber auch um Ihnen Ge-
schichten „hinter den Kulissen" zu bie-
ten, ein bisschen klassischen Klatsch ge-
wissermaßen!
Die Briefe sprechen allerdings für sich:
Johann Strauß und Adele ♡ Heloise und
Abelard ♡ Victor Hugo und Juliette
Drouet ♡ Elizabeth Barrett und Robert
Browning ♡ Virginia Woolf und Vita
Sackville-West ♡ Goethe und Christiane
Vulpius ♡ Henry Miller und Anaïs Nin
♡ Maria Stuart und James Bothwell ♡
Clemens von Brentano und Sophie Me-
reau ♡ Albert Einstein und Mileva Maric

MEINE SCHARFE POST   Seite 165
darf natürlich auch nicht fehlen! Wäre ja
schon ein wenig unfair, in anderen Briefen zu wühlen und die eigenen zu verstecken! Na ja, alle meine Liebesbriefe
kann ich Ihnen diesmal nicht zeigen!
Nicht in diesem Buch. Vielleicht einmal
in meinen Memoiren! Aber einige kleine
feine sind schon dabei! Erotisches auch?
Ja, natürlich! Wieso auch nicht?!

Ein letztes Wort in Sachen Liebe   Seite 181

Quellennachweis   Seite 183

Die besten Liebesbriefe entstehen,
wenn man vorher nicht weiß, was
man schreiben wird, und hinterher
nicht weiß, was man geschrieben hat.

Jean-Jacques Rousseau

In Liebe für Sie

Papier ist geduldig! Deshalb ist es ja auch so schön, einen Liebesbrief zu bekommen. Immer wieder und wieder kann man ihn lesen! Da verrutscht nichts, da verkommt nichts, da steht es schwarz auf weiß oder sonst in irgendeiner Kombination. Da kann man schwelgen, eine Träne vergießen, lachen oder erotischen Gefühlen freien Lauf lassen. Ja, sogar eine gewisse Geilheit, ganz im Geheimen, lässt sich da feiern!
Und sollten die Zeilen der ewigen Liebe oder Treue oder Sehnsucht oder Lust und Wonne eines Tages ihre Gültigkeit verloren haben, ja dann, ach, wie schön kann es doch sein, wenn Jahre verstrichen sind, Vergilbtes wieder an sein Herz zu drücken und ein wenig Wehmut genießen zu können.
Wie gut tut es, auch selbst zur Feder zu greifen oder an den PC zu gehen, um dem liebsten Geschöpf Ungesagtes schriftlich mitzuteilen, wenn große Worte der Liebe halt nicht so leicht über die verschämten Lippen kommen. Und: Wie schön und erbaulich kann es sein, fremde Liebesbriefe zu lesen. Gar von einem Goethe, Bernard Shaw oder einer Marylin Monroe, so es von ihnen überhaupt welche gibt.
Wie inspirierend kann ein fremder Liebesbrief im

eigenen Strudel der Gefühle wirken. Muss ja nicht total abgeschrieben werden, die überschäumende, vielleicht auch schon altmodisch anmutende Vorlage. Nun, über das alles habe ich mir so meine Gedanken gemacht und für Sie Unterschiedliches gesammelt, ausgewählt und jedem einzelnen Brief auch ein sehr persönliches Vorwort mitgegeben, das Sie in die richtige Leselaune versetzen soll.

Und natürlich habe ich auch nicht vergessen, dass wir im Zeitalter des Internets und des Handys leben! Denn was die SMS betrifft, so haben diese ja zweifellos ihre Berechtigung, allerdings halt nur eine kurze Lebensdauer!

Irgendwann sind sie nämlich aus dem Handy verschwunden, und wenn man sie ans Herz drückt: gelöscht!!!

Suchen Sie sich also aus, was Ihnen gefällt! Schmunzeln Sie, lachen Sie, erröten Sie! Ganz wie Sie wollen.

Und erstmals habe ich nur für Sie meine „Schatz-truhe" mit meinen Liebesbriefen geöffnet. Briefe, die ich erhalten habe, dereinst im Mai, und die ich wonnig-schaudernd auch heute noch an mein Herz drücke!

Viel Vergnügen!
In Liebe!
Ihre

PS: Vielleicht regt Sie mein Buch auch an, selbst wieder in alten Erinnerungen zu kramen. Etwas zu tun, was Sie schon lange nicht mehr gemacht haben, oder woran Sie nie mehr gedacht haben: jene Briefe wieder einmal durchzulesen, die man einst an Sie geschickt hat, voller Liebe und Sehnsucht. Ich könnte mir vorstellen, dass Sie sich damit einige schöne Momente bescheren. Das wünsche ich Ihnen jedenfalls!

# IN SACHEN LIEBE VON IHNEN

Ein riesengroßes DANKESCHÖN an Sie!
Dieses Kapitel verdanke ich nämlich Ihnen und Ihrer Großzügigkeit, auch Ihrem Vertrauen. Denn meine öffentliche Bitte an Sie, mir doch den einen oder anderen Liebesbrief zu überlassen, ist nicht ungehört geblieben. Und so kam doch eine recht große Anzahl von Briefen in mein Haus geflattert: Liebesbriefe an eine Landschaft, an den Ehemann, an die Mutter, an ein Haustier usw. Ich habe sie gesammelt wie kostbare Steine, habe alles aufmerksam durchgelesen, hatte die Qual der Wahl, um letzten Endes doch eine Auswahl zu treffen, und hier sind sie, Ihre Briefe! Vieles hat mich sehr berührt, manches erstaunt oder betroffen gemacht!
Vielleicht finden gerade Sie Ihren Brief hier wieder!

Was ich Ihnen jetzt zeige, beweist in Wort und Reim, dass auch junge Männer sehr romantisch und durchaus mit einer dichterischen Ader behaftet sein können! Und wenn man so zuhört, wie sie alles „urcool, megawitzig und echt fett" finden, dann sind die folgenden Zeilen vielleicht doch außergewöhnlich. Die etwas „coole" Angebetete meinte trocken, als sie mir die schriftlichen Liebesbezeugungen überließ: *„War schon ein wenig verrückt, der Typ!"* ... und erzählte dann doch ein bisschen schwärmerisch von dieser Beziehung.

Aber lesen und erleben Sie doch einfach selbst eine ganz normale Liebesgeschichte zwischen zwei Kids im 21. Jahrhundert!

Von ihm an sie:

Vor einem Jahr war alles wunderbar,
meine Lippen bebten, ich roch dein seidenes Haar.
Das Wetter um uns, es gewittert,
meine Arme, meine Beine, mein ganzer Körper zittert.
Und brachten zusammen wenige Wörter,
und wir streichelten uns und umarmten unsere Körper.
Es war ein absoluter Hochgenuss,
der schönste Regen meines Lebens und unser erster
Kuss.
Ich fühlte mich so weich und warm,
ein euphorisches Gefühl mich überkam.
Und auf einmal ging die Sonne auf! Es folgten
wunderschöne Tage.

*Es hat alles angefangen in Mistelbach, im Weinviertler
Bade.
Ottenstein war ein Meilenstein,
da küssten wir den Pflasterstein.
Fast ganz umschlungen küssten wir uns auch
woanders,
und ich war ganz nervös und mir schwoll an das
eh schon wissen kleine Ding, ohne dem würd's nicht
gehen,
das Männer herumsteuert, die Frauen sich's drauf
stehen.
Das war die schönste Zeit, schön wie noch nie.
Ich war richtig euphorisch, wie in Utopie.*

Und als der junge Poet zum Bundesheer musste, liest
sich das so:

*Doch eines macht uns das Leben schwer,
dieses verflixte Bundesheer!
Es hat uns sehr viel Zeit genommen,
und ich hab viel herumgesponnen.
Die Zeit war freilich kein Honiglecken,
ich musste viel Demütigung und Diskriminierung
einstecken.
In Sachen Grün bekam ich eine Phobie,
doch die gemeinsamen Stunden waren schön wie nie.
Wie ein Baby geborgen, so konnt ich dich riechen,
ich fühlte mich unglaublich wohl, wenn wir
miteinander schliefen.
Ohne jetzt eingebildet zu werden,*

*aber ich glaube, wir hatten den schönsten Sex auf
Erden.
Wir liebten uns fast überall,
fast sogar unter unserem Wasserfall.
Oberlaa war das Schönste überhaupt,
ganz eng umschlungen und ganz vertraut.
Ein Gefühlsschwall durchfuhr meinen Körper,
und wir brauchten mal wieder wenig Wörter ...
Und dann dieses wunderschöne gelbliche Licht,
die Wasserperlen glitzerten und verzauberten dein
Gesicht.
Dein Gesicht, das ich über alles liebe,
bei dessen Anblick ich ganz weiche Knie kriege.*

Nachdem der junge Dichter seine Freundin in Italien besucht hatte, wo sie mit ihren Eltern die Ferien verbrachte, schrieb er, wieder in Wien, sehnsüchtig an sie:

*Mein Gott, wirst du mir schrecklich fehlen,
mit wem soll ich denn Pizza essen gehen!
Ich möchte dich wieder ausführen, meine werte Dame,
zu Pizza Margherita und zu Pizza Salame.
Und ich würd dir so gerne wieder assistieren,
beim Gewandeinkaufen und beim Dessousprobieren.
Ich werde nie dein Gesicht vergessen,
wie es mich anlächelte, als wir im Boot gesessen.
Musste die Woche so schnell vergehen?
Italien war nämlich wirklich traumhaft schön.
Ich möchte mit dir wieder tauchen gehen,*

*und mit dir im Arm die schönsten Sonnenuntergänge
sehen.
Und wenn ich zurückdenk, dann ist's mir zum
Lachen.
Ich würd die Autofahrt jederzeit wieder mit dir
machen.
Der eine Moment war ein Gaumenschmaus,
dich in meinen Armen und der Blick zum Meer
hinaus.
Ich war unheimlich glücklich, dich bei mir zu haben,
und ganz im Vertrauen, die Fische hab ich nicht ganz
vertragen.
In meinem Magen sich ein Geschwür
zusammenbraute,
als mich der eine Fisch anschaute.
So werd ich den Moment niemals vergessen:
Wir zwei, das Meer und das leckere Essen!*

Na ja, und wie ich hörte, gab's dann immer wieder
Streit. Der Grund: Eifersucht seinerseits. Und das
konnte die junge Dame nicht ertragen.
Streit – Krach – Versöhnung – Streit – Krach – und
schließlich hat sie Schluss gemacht.
Auch das ließ den jungen Mann zur Feder greifen.
Und so hat er seinen Schmerz verarbeitet:

*Das eine, das muss ich sagen,
Ich hab dadurch viel Erkenntnis davongetragen.
Ich gestehe meine Fehler ein
und bitte dich, bei mir zu sein.*

Ich werd jetzt die Vergangenheit entsorgen.
Du wirst sehen, ich bin wie neugeboren.
Ich werd das Leben nur mehr mit Freude verbringen,
bitte, lass uns über unsere Schatten springen.
Ich weiß, die Entscheidung fällt dir nicht sehr schwer,
und ich kann's dir nicht übel nehmen, du willst nicht
mehr.
Doch werde ich meine Überzeugtheit nicht dämpfen,
ich werd mich irrsinnig bemühen und um dich
kämpfen.
Ich weiß, ich werd mit der Zeit richtig sekkant,
doch in dieser Hinsicht bleib ich intolerant.
Die Leute können noch so auf mich einreden,
doch ich werd dich ganz sicherlich nicht aufgeben.
Du hast oft selbst gesagt, sei Optimist und bleib
einfach dran,
du wirst es ganz sicher schaffen. Wer will, der kann!
Du findest das vielleicht zum Lachen,
aber genau so werd ich das auch machen.
Mir fallen ein viele verrückte Sachen,
und die würd ich alle mit Liebe für dich machen.

Als auf diese schriftlichen Versprechen und Beteue-
rungen von Seiten der jungen Dame keine Antwort
kam, erreichten sie nochmals einige Zeilen, die sie
mir ebenfalls überließ:

Für dich fahr ich von hier bis Singapur auf einem
Dreirad,
wär ich ein Bademeister, dann ließe ich dich umsonst

ins Freibad.
Für dich lass ich meine Gitarre stehen,
und werd mit dir nur mehr tanzen gehen.
Ein Konzert von Anastacia, das fänd ich ganz toll,
und anschließend tanzen wir gemeinsam
Rock 'n' Roll.
Für dich lass ich eine gratis Weltreise sausen, mit Robi,
und lad dich dafür ein, auf ein Konzert mit Bon Jovi.
Für dich besteig ich den Mount Everest ohne
Atemgerät,
und hast du schon mal einen gesehen,
der alle britischen Rasen mit einer Schere mäht?
Ich würd's für dich tun, ohne mit der Wimper zu zuk-
ken,
und wenn du mir rohe Eier mit Mehl machst,
werd ich's mit Genuss hinunterschlucken.
Für dich hör ich auf zu rauchen
und werd die Titanic hinauftauchen.
Für dich zieh ich ins tiefste Italien
oder nach England oder nach Australien.
Für dich mach ich alles und alle Tage,
und ich bau dir ein Haus aus Würfelzucker und
Schokolade.
Und kann ich mit dir nicht ins Ausland gehen,
dann werd ich trotzdem immer zu dir stehen.
Ich leg mich dann in unseren Garten
und werde mit Liebe und Sehnsucht auf dich warten.
Du wirst sehen, ich bemühe mich,
Und es wird alles wieder gut, für dich, für dich.
Bitte, meine Liebste, kannst du mir verzeihen,

all meine Eifersüchteleien?
Beim Schreiben, meine Liebe, dass ich das auch noch
erwähne,
entkam mir die eine oder andere Träne!
Ich liebe dich!

Doch die schönsten Reime haben nichts geholfen. Die Beziehung ließ sich nicht mehr reparieren, und die junge Dame hat sich nach einem anderen umgesehen.

Ich wollte von ihr wissen, was aus ihrem zweifellos zauberhaften und leidenschaftlichen Poeten geworden ist?

Sie konnte mir nichts darüber sagen ... und ganz ehrlich: Ich glaube, es hat sie überhaupt nicht mehr interessiert!

Ich kann für den jungen Mann nur hoffen, dass er eine Liebe findet, die von seiner poetischen Ader entzückt ist, und auch sonst ...

Einen besonders skurillen Liebesbrief habe ich von einem Wildpfleger erhalten, falls er auch wirklich einer ist und sich nicht hinter diesem Beruf einfach nur versteckt, um nicht erkannt zu werden. Wie auch immer: Mir soll es recht sein, denn was Wladimir Mrk schreibt, entbehrt nicht einer barokken Romantik, gepaart mit impressionistischen Bildern und dem Hinweis, dass dieser Brief heutig ist. Spielt zwar auf blaublütigem Terrain, ist aber eine Liebesbezeugung bürgerlicher Natur. Wenn auch ein wenig ungewöhnlich, aber doch ergreifend und schön!

Geliebte,
die Sonne ist eben untergegangen, und ich spüre noch den Hauch deines Atems in meinem Ohr, als du mir Lebewohl zuflüstertest. Ich lehne an der Wand unseres kleinen Häuschens. Sie ist noch ganz warm von der Hitze dieses unbeschreiblichen Tages, der uns verband für immer. Für immer! Jetzt schon spüre ich Sehnsucht aufglimmen in mir – und du bist doch erst Minuten fort. Als ich dich hinter dem Hügel verschwinden sah, hoch zu Ross auf diesem prachtvollen Schimmel, den dir dein finsterer Mann geschenkt hat – ich hätte aufschluchzen können voll Schmerz und voll Neid, ja Neid, dass du nun zu ihm reitest, ihr gemeinsam das Abendbrot zu euch nehmt, in dem Spiegelsaal voller Kerzen und bedient von euren livrierten Bediensteten. Und dann die Nacht! Obwohl du versprachst, dich dem Unhold niemals mehr hinzugeben, weiß ich doch,

dass er dich zwingen kann. Als ob man zur Liebe zwingen könnte! Aber er will ja nicht die Liebe, sondern deinen weißen Leib, dessen Süße ich kosten durfte Stunde über Stunde an diesem Maientag, der sich nun so traurig in die fahle Nacht neigt.

Oder? Soll ich's wagen? Soll ich, mit Schwert und Speer gerüstet, dem Grafen Paroli bieten? Ihm den Fehdehandschuh ins Gesicht schleudern vor seinen Vasallen? Und ihn töten im Zweikampf, Mann gegen Mann?

Ach, wie gerne gäb' ich mein Leben hin, wenn es uns hülfe. Aber es hülfe nicht: denn sieg ich, komm ich in den Turm, und verlier ich, ins Grab. Spätere Generationen werden das vielleicht einmal eine 'catch 22 situation' nennen. Für mich bleibt's eine Zwickmühle, in der die Steine ohne Chance auf Veränderung weniger und weniger werden, bis der übermächtige Gegner den letzten Stein sardonisch lächelnd vom Brett fegt.

Aber ach, Geliebte, ich verirre mich! Hast du mich nicht eben noch gewarnt vor solchen Gedankenspielen und mir bedeutet, ich möge ruhig bleiben, denn du kämst morgen zur gleichen Stunde an den Teich, in dem die Wasserlilien blühen? An dem der betörende Duft der Waldbeeren die Sinne beflügelt. Oh, wäre es nur morgen schon.

So geh ich nun zur Ruh und hoffe, du liest diese Mail noch, bevor du dich bettest. Vergiss nicht, sie zu löschen! Mails haben schon viel Unheil angerichtet vor fremden oder boshaften Augen. Und wir wollen doch genießen, genießen, genießen – ohne zu denken, nur zu unserer Freude leben, bis – vielleicht – der Graf doch letztend-

lich dahinterkommt und uns den Garaus macht. Aber auch dann können wir sagen, hinseufzend, mit letzter Kraft unter den Schlägen seiner Knechte ersterbend: „Ja, wir haben gelebt! Ach, wir haben geliebt!"
Sei umarmt und geküsst
dein Wladimir Mrk
(Wildpfleger)

Eine Lady aus den USA, mit der ich mal in die Schule ging, hat mir großzügiger Weise den folgenden Brief überlassen. Natürlich ist er in Englisch, und ich habe ihn auch so belassen. Ich meine, er ist gut zu verstehen und zeigt die Sehnsucht eines jungen Mannes, aber auch die Eifersucht, die er mit einem kleinen „Ha-ha" versucht ein wenig abzuschwächen. Außerdem, so wie ich das verstehe, scheint er ja auch selbst recht treu zu sein und entspannt sich gegebenenfalls „by taking care of himself", wogegen ja nichts einzuwenden ist. Und was den groß geschriebenen JAMES betrifft, so handelt es sich in diesem speziellen Fall wohl um „sein bestes" Stück, so wie manche Männer das im Allgemeinen empfinden. Mir soll's recht sein!

Dear R.
... How was your trip to Budapest? Hope you had a good time and thought of me. Also hope you went with a woman, not a man. (Ha-ha...) would be jealous!
... Your English is getting better and I am glad to hear, that you are going to school, to learn more. Thank you. Thank you also for having sex with only me ... I have saved myself for you and it is also very hard for me also. But, I believe it is worth waiting for. (I kind of take care of myself-ha.)
... You too, I hope!
Tell Greta, that I will look for an America Painter lover who is just as good 'in bed' ... ha-ha... she is a very nice person and deserves a very good man.

... Take good care of yourself for me and I think of you very often ... VERY OFTEN ... You are my moon, my sunshine, my smile, my dreams and JAMES misses you also ... A lot
xxx

Ohne Kommentar!

Liebe Luzi!
So leer wie dieses Blatt Papier ist mein
wenn du nicht bei mir bist!
Dein Francesco

Diesen Brief mag ich besonders gern! Ist er doch offensichtlich von einer Frau geschrieben, die in meinem Alter ist und sich in einen jungen Mann verliebt hat! Und das finde ich großartig! Schon allein deshalb, weil sich ja viele Frauen immer noch davor scheuen, sich einem derartigen Gefühl hinzugeben und so eine Beziehung überhaupt zuzulassen. Heute, Gott sei Dank, schon viel weniger als noch vor einiger Zeit!

Da war es absolut ungehörig und anstößig: ältere Lady mit jungem Mann! Älterer Mann mit junger Frau, ja, das war schon was anderes: Toller Hecht, der so etwas schafft! Nun, diese Zeiten sind mehr oder weniger vorbei. Obwohl Variante eins immer noch ein wenig Aufsehen erregt. Aber auch nur das und sonst nichts!

In dem folgenden Fall scheint es sich nur um eine kurze Episode zu handeln, und so ist dieser Liebesbrief auch eine Art Abschiedsbrief, ein sehnsüchtiger, wehmütiger Rückblick auf zauberhafte Momente im Leben einer reifen Frau mit einem jungen Mann, der, wie sie schreibt, jünger ist als ihr Sohn. Ein mutiger, ehrlicher und berührender Brief!

Wir hatten nie darüber gesprochen, dass das eigentlich gar nicht geht, du und ich. Ich erzählte dir von meinem Sohn, er ist älter als du.

Am Anfang unserer Beziehung stand unser gemeinsames Lachen. Wir standen irgendwo in Brüssel auf der Aussichtsterrasse eines angeblich architektonisch sehr interessanten Gebäudes. Nein, eigentlich fing es ja schon früher an. Es fing auf der Fahrt nach Brüssel an. Mein Gott, wie war die ungemütlich. Besonders für dich. Ich erinnere mich gut, als ich in den Bus stieg und zu dem mir angewiesenen Platz ging, sah ich dich. Du saßest in der Mitte der letzten Reihe, eingezwängt zwischen Freunden, wie ich später von dir hörte.

Es war ein kalter Novemberabend. Ich war natürlich viel zu früh am vereinbarten Ort, wo ich in den Bus zustieg. Ich freute mich auf Brüssel, auf Gent, auf das Wiedersehen mit ein paar Menschen, die ich schon einige Jahre nicht gesehen hatte.

Wir schauten uns für einen kurzen Augenblick an, und dann fuhr der Bus in den beginnenden Abend hinein. Als wir dann nach ein paar Stunden eine kurze Rast einlegten, da standen wir plötzlich neben einander. Wenn ich jetzt daran zurückdenke, erfüllt mich das immer noch mit einem Gefühl der Wärme und Geborgenheit. So suchten wir während der paar Tage immer wieder die Nähe zueinander. Ich fühlte mich erfüllt mit einer solchen Fröhlichkeit und einer Leichtigkeit des Seins. Und doch schlich sich auch ein Schmerz in meine Gefühle ein, denn nach diesen Tagen würde mir alles unwirklich erscheinen. Es kam aber ganz anders. Es wurde eine wunderschöne Zeit der Gemeinsamkeit, der Unbeschwertheit. Wir fühlten uns wie zwei junge Bäume, die anfingen in den Himmel zu wachsen. Wir dachten nicht nach über das, was auf uns zukommt, was unsere Freunde über uns denken. Das war auch nicht notwendig, die freuten sich mit uns. Niemand kam auf die Idee, uns zu ermahnen, dass das ja nicht gut gehen kann, du mit deinen 35 Jahren und ich mit meinen über 60. Wir wollten auch gar nicht wissen, ob es gut geht, wie lange es gut geht. Wir genossen die Augenblicke unseres Zusammenseins. Wir freuten uns über alles, was wir gemeinsam machen konnten. Wir wollten nicht wissen, wie lange unsere Beziehung dauert, ich wollte nicht daran denken, dass du eines Tages kommen wirst, um mir Lebewohl zu sagen.

Dieser Tag kam, wie warst du traurig und hilflos, als du mir sagtest, dass dein Leben wieder zur Alltäglichkeit zurückgekehrt ist! Nein, es soll für dich keine Alltäglichkeit sein. Du tust das Richtige, du hast die Entscheidung getroffen, die nicht abwendbar war. Wir haben so Wunderbares miteinander erlebt, dass das nicht durch Traurigkeit überdeckt werden darf. Mir hat es das „Schmetterlinge-im-Bauch"-Gefühl zurückgebracht. Das wird mich noch lange begleiten, einmal mit Wehmut, aber sicher viel öfter mit dem Glücksgefühl der Geborgenheit, die du mir gegeben hast. Ich sehe die Blumen schöner blühen, ich sehe die Sterne leuchtender strahlen. Du hast mir so viel Kraft gegeben, du wirst mich innerlich immer begleiten, immer bei mir sein.

Du wolltest, dass wir einander wieder sehen, du wolltest, dass ich deine Vertraute bleibe, du wolltest mir die Häuser zeigen, die du bauen wirst. Das musst du nicht, ich sehe sie. Ich sehe auch dich, auch wenn wir einander nicht mehr begegnen, ich bin gedanklich in deiner Nähe, wenn ich deine Vertraute sein soll. Ich weiß, dass unsere gemeinsamen Tage, Wochen, Monate für uns beide etwas ganz Besonderes waren. Etwas, das nur wenigen widerfährt. Und dafür bin ich unendlich dankbar.

Erinnerst du dich, wir sprachen eines Abends über das Buch „Die unerträgliche Leichtigkeit des Seins“. Wir schrieben in unseren Gedanken unser Buch: „Die Leichtigkeit des Seins“, und dieses Buch haben wir beide fest in uns eingeschlossen. Aber doch nicht so fest, dass wir nicht hin und wieder die eine oder andere Seite aufblättern können. Welch schöneren Wegbegleiter könnte man sich sonst vorstellen?

Genieße dein „neues“ Leben, du hast ein zauberhaftes Mädchen an deiner Seite.

Das Leben wurde schöner durch dich und mit dir!

Was ich immer gern betone, weil ich fest davon überzeugt bin: Liebe kennt kein Alter! Liebe ist immer und überall und kann einem mit fünf Jahren genauso passieren wie mit achtzig.

Die Gefühle sind immer dieselben: Schmetterlinge im Bauch, Herzklopfen, schöne Träume, Vorfreude auf ein Rendezvous usw.

Und darum finde ich diesen Liebesbrief so bezaubernd, weil er von einem Zwölfjährigen an eine Elfjährige geschrieben wurde:

Liebste M!

Ich liebe dich auch! Du bist wahnsinnig nett! Besonders, weil du gefällig, hilfsbereit, also mir einfach sympathisch bist. Außerdem bist du sehr hübsch!

Schon vor Anfang des 2. Semesters war ich in dich verknallt, sagte es aber niemandem. Erst seit dem Skikurs wussten es die meisten meiner Klasse. Ich wollte am Montag, in der Disco, mit dir tanzen, irgendwie fand ich aber weder das richtige Lied noch die richtigen Worte, um dich aufzufordern.

So setzte ich mir das Ziel, unbedingt am Freitag mit dir zu tanzen, aber auch das fiel wegen meiner akuten Laringitis ins Wasser. Also blieb mir nichts anderes übrig, als abzuwarten, bis du erfährst, dass ich dich liebe!

Dein K.

PS: Ich habe mich sehr über deinen Brief gefreut!

„Mein erster und allerschönster Liebesbrief!", so der Kommentar der jungen Frau, die mir diesen Brief überließ. Heute ist sie 22 Jahre alt, und ich wünsche ihr von Herzen, dass noch einige Briefe von dieser Liebesqualität – altersgemäß – in ihrem Briefkasten landen!

Eine junge Frau hat folgenden Brief hinter dem Scheibenwischer ihres Autos gefunden. Auch eine Art der Briefzustellung, die die Postboten entlastet!

Hi Liebste!
Es ist schwer für mich zu beschreiben, was ich für dich empfinde. Ich weiß nur, dass mit dir alles einen Sinn ergibt. Mein Leben ist dank dir viel lebenswerter.
Wir gehören einfach zusammen, weil wir miteinander lachen können und wir gar nicht mehr ohne den anderen können.
Alles Liebe!
(Dein?) K.
PS: Hab dich (mehr als) lieb.

Die junge Frau wusste zunächst nicht, von wem der Brief stammte. Denn es gab keine Unterschrift, nur das K. Nachdem sie in ihrer Erinnerung gekramt hatte, schien ihr der Absender klar zu sein. Ein Freund aus sehr früher Jugend!
Allerdings ist dieser Brief sein einziges Lebenszeichen geblieben. Sie hat nie wieder etwas von ihm gehört.
Vielleicht aber hat der Verfasser des Briefes nur das Auto verwechselt? Wer weiß?

AN MUTTER, VATER, KINDER, SCHWESTER USW.

Ich habe sehr viele Briefe erhalten, von Menschen, die an die Eltern, an die Kinder, an die Schwester, an die Ehefrau, an den Ehemann usw. geschrieben haben. Es würde den Umfang dieses Buches sprengen, wenn ich Ihnen alle zeigen würde.
Und so habe ich schweren Herzens eine Auswahl getroffen, die mir stellvertretend für alle diese Briefe typisch zu sein scheint.
Es sind liebevolle Briefe, voller Wärme und auch manchmal voller Traurigkeit.
Aber alle sind ehrlich und offen und zeigen viel Gefühl für geliebte Menschen.
Und das berührt und freut mich!

Ich sehe sie fast täglich, vor allem dann, wenn ich einkaufen gehe. In den Supermarkt. Dort sitzt sie an der Kassa und ist mir seit vielen Jahren vertraut. Wir reden auch immer ein wenig miteinander, und so kam es, dass sie mir von ihren Gedichten erzählt hat. Ich wurde neugierig. Daher hat sie mir einige davon zum Lesen gegeben.

Mittlerweile ist sie sogar eingeladen, ihre Werke öffentlich vorzulesen, und darum gibt es zu diesem Gedicht auch ihren Namen.

Doris Pikal: An meine Mutter

Du bist das Wasser, das mich treibt.
Du bist der Mahlstein, der mich reibt.
Du bist das Korn, das mich, zu Brot
gebacken, nährt in Zeit der Not.

Du bist das Ruder auf dem Kahn.
Du führst und lenkst mich auf der Bahn.
Und du versuchst mich bei Gefahren
zu stärken oder zu bewahren.

Du bist der Arzt, der mich verpflegt,
der meine Lebensgeister regt,
der Therapeut, der bei mir weilt,
mich anhört, meine Sorgen teilt.

Du bist ein Fixstern am Gestirn.
An dir kann ich mich orientier'n.

Du strahlst am Tag, und in der Nacht
fühl ich mich sicher und bewacht.

Du bist der Meister, der mich lehrt,
was richtig ist, und was verkehrt.
Du bist mein Retter in der Not.
Du bist die Partnerin von Gott.

So stand's in einem Brief an mich aus Schwanen-
stadt:

Anbei sende ich Ihnen einen „Liebesbrief" von meinem
Sohn an mich. Tobias geht in die 1. Klasse Volksschule
und war beim Schreiben dieser Zeilen gerade sieben
Jahre alt.
Ich bin jedes Mal zu Tränen gerührt, wenn ich diesen
Brief lese.

... und er ist auch wirklich goldig!!! Rechtschreiben
kann er ja noch lernen!

Liebe Mama ich Wünsch dir alles gute Mutertag
darum hab ich dir etwas Mitdebracht gans laise Will
ich sagen dir du bist die allerliebste mier. Maine Mama
ich wil dich Möchde dich ich bin ain brafes Kind ich
Tobias wil Blumen schengen ich bin in der Schule braf
ich libe dich Mama ich bins Tobias.

Dieser Brief erreichte mich als Duplikat. Denn das Original befindet sich in einem Glasgefäß und wurde am Friedhof bei der Urne des geliebten Vaters eingegraben.

Und es heißt da: *„Dieser Brief erreicht bestimmt meinen geliebten Vater."*

Ich glaube ja, dass schon die Gedanken genug Energie besitzen, um den Menschen zu erreichen, für den sie bestimmt sind!

Ich selbst schreibe zum Beispiel ungehaltene Briefe und lasse meinen Unmut schriftlich „raus", wenn mich jemand sehr geärgert oder verletzt hat. Ich schicke sie aber nicht ab, sondern vergrabe sie in meinem Garten oder verbrenne sie außerhalb meines Wohnbereichs. Damit habe ich mir Luft gemacht und schlechte Energie abgebaut.

Schöne Briefe an geliebte Menschen erreichen diese auch, und ich stelle mir jeweils die Freude des Empfängers vor, was auch mir wieder gute Stimmung macht.

Und darum verstehe ich sehr gut, warum es für die Verfasserin der folgenden Zeilen so wichtig ist, diesen Brief gewissermaßen „abgeschickt" zu haben.

Mein lieber, lieber Papi!
Achtundzwanzig Jahre sind seit deinem Tod bereits vergangen. Eine sehr, sehr lange Zeit! Deine Urne liegt in unserem Familiengrab, aber deine Seele lebt bei uns, rund um uns. Ich glaube, du weißt über unser Leben immer Bescheid: Über all die schönen und weniger

erfreulichen Dinge, die sich ereignet haben. Bei vielen Ereignissen hättest du dich bestimmt sehr aufgeregt, bei anderen besonders gefreut. Ich fühle, dass du mich und meine Familie beschützt. Du bist so weit weg und doch so nah.

Diese Woche hatte ich einen wunderschönen Traum: Ich spazierte auf einer Höhenstraße. Auf dem höchsten Punkt blickte ich ins Tal und sah dich den Berg heraufkommen. Deine Haare waren ergraut, dein Rücken gebeugt und deine Füße tasteten sich ganz behutsam vorwärts. Du hattest deine alten, weiten Bluejeans und die alte, braune Jacke an. Als meine Augen dich vollkommen erfassten, staunte ich — riss meine Augen auf und lief mit ausgebreiteten Armen auf dich zu. „Papschilein, Papschilein!", rief ich. „Du lebst ja!" Gerührt nahm ich dich ganz fest in meine Arme, drückte und küsste dich wie verrückt.

Der Traum war so schön für mich, dass ich, als ich erwachte, das nicht zur Kenntnis nehmen wollte. Der Traum möge doch weitergehen und nicht enden, wünschte ich mir. Aber wie jeder Traum, so ging auch dieser zu Ende, aber nicht meine liebevollen Gedanken an dich.

Liebe Chris!
Ich will einen nicht alltäglichen Liebesbrief nieder-
schreiben: Seelengedanken an meine verstorbene Mutti!"
So der Beginn eines Schreibens, das aus Villach auf
meinem Schreibtisch gelandet ist.
Es ist darin die ganze Traurigkeit einer Tochter ein-
gefangen, die ihre Mutter sehr jung verloren hat.

Liebe Mutti!
Im Jahre 1969 hast du mich im Alter von 44 Jahren
nach schwerer Krankheit für immer verlassen.
Damals fühlte ich einen so tiefen Schmerz, den nur die
Zeit heilen konnte. In meinem Herzen und Gedanken
bist du auch heute noch immer bei mir.
Ich hab dich heute lieber denn je und habe noch oft den
Geruch deiner Haut und deiner Haare in meiner Nase.
Manchmal erscheinst du mir im Traum, und ich freue
mich dann sehr darüber.
Die Lücke, die du hinterlassen hast, wird wohl nie zu
schließen sein, und ich bin sehr traurig, dass meine
Kinder, deine Enkelkinder, dich nie kennen lernen
durften.
Deine Liebe und Güte, die du mir gegeben hast, haben
mein Leben geprägt, und ich danke dir von ganzem
Herzen dafür.
In Liebe, deine Tochter ...

Übrigens, die Sache mit dem Geruch kann ich sehr gut nachempfinden. Ich habe vor nicht allzu langer Zeit das Fernglas meines verstorbenen Vaters benützt, an dem noch sein persönlicher Geruch haftete. So etwas ist ein starkes Erlebnis und eigentlich kaum zu beschreiben. Eine Traurigkeit in jedem Fall!

Wir sind so lange das Kind von jemand, solange wir noch unsere Eltern oder Mutter oder Vater haben, egal wie alt wir sind. Das wurde mir nach dem Tod meiner Eltern erst so richtig bewusst. Plötzlich war ich niemandes Kind mehr.

Und als ich die elterliche Wohnung räumen musste, habe ich meine Briefe an meine Eltern, und vor allem jene an meine Mutter gefunden.

Ihre habe ich leider nicht mehr. Sie sind auf meinen zahlreichen Umzügen offenbar verloren gegangen. Und das tut mir sehr Leid!

Ich weiß es nicht genau, aber ich könnte mir vorstellen, dass Mütter öfter an ihre Kinder schreiben als umgekehrt Kinder an ihre Mütter.

Vielleicht greifen manche „Kinder" erst nach dem Verlust von Mutter oder Vater zur Feder, um mit ihrer Trauer fertig zu werden.

Ich habe jedenfalls für dieses Buch mehr Briefe von Eltern an ihre Kinder bekommen als umgekehrt. Allerdings beweist das nichts und lässt nur vermuten.

Einen Brief von einer Mutter an ihre Kinder will ich Ihnen jetzt zeigen. Es ist ein Brief, der zu Weihnachten unter dem Christbaum lag.
Das Dankeschön einer Mutter an ihre Kinder!

Weihnacht 2003
An meine Kinder!
Wenn auch heute eine Träne über mein Gesicht huscht, sie drückt nur aus, dass ich glücklich bin. Ihr alle, die ich am meisten liebe, seid heute wieder da.
Verzeiht mir, wenn ich nicht immer eine Mutter war, wie ihr euch gewünscht habt, doch ich habe immer versucht, meine Liebe an euch weiterzugeben ...
Heute möchte ich euch aus ganzem Herzen danken, dass ihr mich an eurem Leben teilnehmen lässt.
Ich danke euch für die vielen Freuden, die ich durch euch erleben darf, für die lieben Enkelkinder, die da sind und noch kommen werden, für die netten Schwiegerkinder, ... in denen ich neue Freunde gefunden habe.
Mein größter Wunsch heute ist es, dass ihr euch untereinander immer gut versteht und nie entfremdet, euch gegenseitig helft.
Wenn euch das Leben manchmal hoffnungslos erscheint, verliert nie die Hoffnung, denn ich habe auch immer wieder erfahren: Es kommt ein neuer Tag, der die Sonne heller scheinen lässt.
Und wenn ich euch einmal verlasse, trauert nicht zu sehr, ich will euch glücklich zurücklassen; ich lebe dann weiter in euch, in meinen Enkerln ...
Eure Mama

W enn man Geschwister hat, so ist das eine feine Sache! Vor allem, wenn man gut miteinander auskommt, einander liebt. Oft ist es so, dass man in der Kindheit natürlich ordentlich miteinander streitet, rauft usw. und erst viele Jahre später zu schätzen weiß, was man aneinander hat. Ich weiß, wovon ich rede, denn ich habe eine „kleine" Schwester, die ich sehr liebe, auch wenn wir als Kinder ganz schön miteinander gestritten haben. Gehört vermutlich einfach dazu! Auch Eifersüchteleien zwischen zwei Mädels sind nichts Ungewöhnliches. Der folgende Brief scheint mir ein gutes Beispiel dafür zu sein!

Liebe Schwester!
Ratter, ratter, ratter, der Himmel ist grau, und es fängt zu regnen an. Der Zug verlässt die Stadt. Vororte und Industrieanlagen huschen vorbei, und bald zeigt sich das Land, welches die Stadt Basel umschließt wie ein grüner Ring.
Am Vorabend haben wir mit Wein wehmütig Abschied genommen und begriffen, unsere seltenen gemeinsamen Stunden sind vorbei. Zwei Schwestern, die durch tausend Kilometer getrennt sind. Nicht mehr sehr jung, an der Schwelle zur alternden Frau. Doch unsere Herzen sind wieder jung geworden, beim Auskramen der vielen Erinnerungen. Unser Gekicher hat uns wieder um etliche Jahrzehnte zurückversetzt und alte Zeiten heraufbeschworen.
Ja, liebe Schwester, alles sah so rosig aus und all unsere großen Probleme waren vergessen. Du als meine große

Schwester wurdest um deinen Altersvorsprung von mir immer beneidet. Als du mit 17 Jahren den Schritt ins Ungewisse, in ein fernes Land gewagt hast, da warst du mein großes Vorbild und bekamst den Glorienschein. Die Schwierigkeiten, mit denen du kämpfen musstest, sah ich als junges Mädchen überhaupt nicht. Nach vielen Jahren konntest du dich erst über deine vielen dornigen Wege mitteilen. Offiziell gabst du dich glücklich und zufrieden. Dein Leidensweg durch deine Kinderlähmung erschien mir, dummem Mädchen, interessant. Ich war sogar eifersüchtig auf die Aufmerksamkeiten, die du genossen hattest.

Unsere Ehejahre ließen uns mehr mit den eigenen Familien beschäftigt sein, und der Kontakt wurde eher auf das Telefon beschränkt. Wenn wir dann wirklich zusammenkamen, lenkten Ehegatten und Kinder meist von guten Gesprächen ab.

Jetzt sind alle familiären Pflichten vorüber, und wir können uns endlich auf uns selbst besinnen. Der Lebensring hat sich geschlossen und uns wieder zum Ausgangspunkt zurückgebracht. Wie vieles konnten wir ungehemmt sagen, und wie viel reicher fahre ich jetzt nach Hause: „Danke!"

Mögen uns in Zukunft viele dieser goldenen Stunden vergönnt sein, dies wünscht sich
deine kleine Schwester

Hier ist etwas geschehen, was mich persönlich sehr freut!
Nach meiner öffentlichen Bitte um Ihre Liebesbriefe habe ich von einer Dame aus Wien folgenden Brief erhalten:

... Ihre Bitte hat mich veranlasst, längst vergessene Korrespondenz aus fernen Tagen auszugraben, und so lege ich Ihnen einige Relikte aus dieser Zeit bei.
Diesen Brief schrieb mein Mann 1942, bevor er nach Russland ging. Es gibt zahlreiche Briefe aus der Kriegszeit und jeder einzelne ist mir lieb und wert.
Durch Sie, liebe Frau Lohner, habe ich mich wieder ein wenig zurückversetzt in meine Jugendzeit, wo Worte glücklich machten! ...

Und hier ist der Brief aus dem Jahr 1942:

Meine liebe Anny!
Glückseligsten Dank für deine herzlich gehaltenen Zeilen, die in meinen letzten freien Tagen mir süße Freude bereiten. Nur noch wenige Stunden kann ich deine Worte ruhig und beschaulich in mir klingen lassen, die meine Sinne ins Reich der Illusion versenken.
Noch kann ich die schweren Gedanken der Pflicht, die sich wie Kobolde in das ästhetische Reich der erotischen Gedankenspiele drängen, verscheuchen, bald aber muss ich sie als die harten Wächter vor das begrenzte Reich meiner Sinneswelt stellen, um Ganymedes nicht mit dem süßen, berauschenden Göttertrank der Liebe

durchzulassen, wenn die Pflicht es verbietet.

Wohl kann der geografische Raum, der uns trennt, größer werden, doch die Kette, die unsere Herzen bindet, kann er nicht zerreißen.

Und die Gedanken überspringen im Nu hunderte von Kilometern und finden ihr Ziel unfehlbar. Irgendwo in der Zukunft winkt das süße Wiedersehen! Jeden Abend, bevor ich die Augen schließe, weilen meine Gedanken bei dir, und in Gedanken presse ich meine Lippen auf die deinen, dann umfängt mich wohltuender Schlaf.

Ich habe dir ja bereits mitgeteilt, dass ich nicht weiß, wann ich draußen zum Schreiben kommen werde, aber meine ersten Zeilen gehören dir!

Leb wohl, meine geliebte Anny!

Sei nochmals tausend Mal innig geküsst von

deinem Kurt

Und mir hat die Dame noch abschließend geschrieben:

Ich bin inzwischen 79 Jahre alt, und meinen Liebsten von damals gibt es seit acht Jahren nicht mehr.

Aber ich hoffe – eigentlich bin ich davon überzeugt –, dass diese beiden Menschen noch eine wunderbare Zeit miteinander verbracht haben.

An ein Tier

Ich bin zwar schon seit langer Zeit „Hundemutter", aber ich liebe Tiere im Allgemeinen und hätte auch gern einen Esel im Garten oder ein Pferd oder Gänse usw. Auch Katzen könnte ich mir vorstellen. Leider habe ich für diese Vorlieben keine Zeit, worüber sich meine Nachbarn sicherlich freuen würden, wenn sie das wüssten. Denn somit bleibt ihnen das durchdringende Geschrei eines Esels erspart und mir das Auswandern in ein entlegenes, menschenleeres Gebiet.
Tiere und Kinder sind für mich die unschuldigsten Geschöpfe der Welt und niemand sollte ihnen Leid zufügen. Leider ist das ja nicht immer der Fall.
Und somit habe ich, was zum Beispiel im Folgenden Tiere betrifft, durchaus Verständnis dafür, dass man sie liebt und sie natürlich dann auch vermisst, wenn sie nicht mehr da sind.

Es ist nicht immer Hund oder Katz, was Menschen im eigenen Heim glücklich macht, was ihnen die Einsamkeit nimmt, was liebevoll umsorgt wird. Es kann auch ein Meerschweinchen, ein Goldhamster oder ein Vogel sein, an den man sein tierliebendes Herz verliert.

Ich selbst habe als Kind einen Wellensittich gehabt, der ein besonders lustiges Tier war. Er fiel eines Tages über ein Honigbrot her und hatte von da an keine Federn mehr auf dem Kopf. Und wenn mein Vater sich rasierte, saß er auf dessen Kopf, um dem Schaumspiel hautnah beizuwohnen. Als der kleine Vogel starb, war die ganze Familie sehr traurig!

Und so ist es auch jener Dame ergangen, die mir diesen Brief überlassen hat:

An meinen Sittich Tweety!
Mein kleiner Freund, ich danke dir für die vielen fröhlichen Stunden, die du mir geschenkt hast. Ich danke dir für dein heiteres Gezwitscher, mit dem du mich jeden Tag aufgeweckt hast.
In deiner Gegenwart hat mir auch mein Essen besser geschmeckt. Meine Sorgen, mein Kummer und die Trauer um meinen Mann waren vergessen, wenn du auf mir herumgeklettert bist und wenn du deine Turnkünste vorgeführt hast.
Spielten wir mit dem Bällchen oder dem Steh-auf-Manderl, musste ich oft herzlich lachen. Der Herrgott

hat dich kleines Wunder erschaffen. Er hat dich mir
wieder genommen. Ich habe dich so sehr geliebt. Man
kann es nicht in Worten, nur in Tränen ausdrücken.
Danke tausendmal, mein geliebtes kleines Vogerl.
Dein Frauchen

Es gibt auch Findelkinder aus dem Tierreich, die für kurze Zeit einen Menschen erfreuen und an sein Herz rühren. Sei es ihre Hilflosigkeit oder ihre Drolligkeit oder ihre Schönheit.

Ich selbst habe einmal eine Babyamsel, die mein Hund Stanley im Garten gefunden hat, sechs Wochen lang großgezogen. Als sie endlich so weit war, selbstständig zu werden, wollte sie mein Haus nicht mehr verlassen. War viel gemütlicher und viel bequemer als die freie „Wildbahn"! Erst als ein Amselmann heftiges Interesse an der inzwischen jungen Dame zeigte, zog sie seine Gesellschaft der meinen vor. Und dafür hatte ich volles Verständnis.

Eine Dame aus Kirchberg, die eine sehr gute Beobachterin zu sein scheint, schildert ihre Begegnung mit einem Vogelfindelkind so:

Ich habe dich so lieb!
Mein Haus stand so nahe am Bach, dass mich sein Murmeln und Glucksen Tag und Nacht begleiteten. An manchen Stellen sprang er in kristallklarer Transparenz von Stein zu Stein, dann wieder bewegte er sich träge dahin; ein grünes Wasserband, wie von unsichtbarer Hand ruhig und gleichmäßig fortgeschoben. Ich liebte es, in ihn hineinzuhören und einzelne Töne in seinem Lied zu bestimmen. Ich liebte sie, die Bach-Melodie!
Der Morgen, an dem ich den kleinen Spatzen bemerkte, war besonders friedvoll. Der Spatz war mir auch deshalb aufgefallen, weil er auf einer Flügelspitze eine weiße Feder trug. Er duckte sich zur Wasseroberfläche,

hob sein Köpfchen und ließ einen großen Wassertropfen durch den Schnabel kullern – dann noch einen und wieder einen. Was für ein Spatzendurst! Dann wetzte er den Schnabel an einem alten Stein, dessen bunte Flechten an eine Landkarte von irgendwo erinnerten. Er hüpfte das Ufer entlang, neigte mehrmals sein Köpfchen und lugte da und dort in das seichte Wasser.

Schließlich duckte er sich, tauchte sein Köpfchen unter, das kleine, braune mit den dunklen Augen, rüttelte und schüttelte sich, und tausende sonnenbestrahlte Wassertropfen spritzten, wie wenn ein Stückchen Regenbogen still zersplittert.

Dieses Bild hatte ich noch vor Augen, als ich wieder an meinem Schreibtisch saß. Plötzlich hörte ich einen dumpfen Schlag gegen die Fensterscheibe. Ein unheilvolles Geräusch! Ich lief auf die Terrasse. Da lag er, der kleine Spatz mit der weißen Feder. Wehmütig sah ich auf ihn hinab. Dann berührte ich ihn zögernd. Im ersten Moment dachte ich, er wäre tot. Doch da, seine kleine Brust hob und senkte sich kaum merklich.

„Nicht sterben", flüsterte ich ihm zu, „bitte, nicht sterben!"

Vorsichtig hob ich ihn auf. Zunächst fügte er sich ganz still in meine hohle Hand. Sein Herz klopfte rasend schnell. Nach kurzer Zeit merkte ich, dass seine geschlossenen Lider zu vibrieren begannen. Ich hielt den Atem an! Er erwachte aus seiner Ohnmacht und öffnete die Augen. Sein kleiner Körper zuckte vor Angst und Schrecken, als er mich wahrnahm, aber an ein Fliehen, an ein Wegfliegen, war nicht zu denken. Dazu war er *noch zu schwach. Aber er lebte!*

Nach einiger Zeit versuchte ich, ihn auf den Balkontisch zu stellen. Dort würde er sich – so dachte ich zumindest – wohler fühlen als in einer noch so zarten Menschenhand. Doch seine Beinchen waren der Anstrengung noch nicht gewachsen. Sie glitten auseinander. Ich begann sie mit den Zeigefingern behutsam zusammenzuschieben. Würde ihm Wasser gut tun? Er nahm es nicht an. Wieder gab ich ihm Zeit. Und siehe da! Plötzlich nahm er ein Tröpfchen auf und dann noch eins. Wenig später konnte Spatz schon ohne meine Stütze stehen. Ich hatte gerade noch so viel Zeit, ihm einen flüchtigen Kuss auf sein braunes Köpfchen zu hauchen. Dann flog er pfeilschnell davon; hinauf auf den Baum mit den tausend Flügeln, auf dem Schwalben alljährlich ihren Abflug proben.

„Pass auf dich auf!", rief ich ihm wehmütig nach. „Wenn Liebe dich doch schützen könnte, dort, wo du lebst! Ich habe dich so lieb!"

D as ist ein „Liebesbrief von Frauchen an Kater",
von einer Dame aus Niederösterreich an ihren
Kater Willi, der ihr nicht nur sehr ans Herz gewachsen, sondern offenbar auch ein ganz besonderes Tier
ist:

Mein lieber Kater Willi!
Heute genau vor 10 Jahren, an einem heißen Julitag,
sind wir zwei uns zum ersten Mal begegnet. Ich wusste
von unserer Zukunft, du allerdings warst ahnungslos
und dementsprechend verschreckt und schüchtern.
Du warst noch nicht so groß wie heute und zirka ein
Jahr alt. Du warst eine Wohnungskatze, und Garten
kanntest du nicht.
Man hatte dir gleich Wasser hingestellt, du musstest
sehr durstig sein, aber die Angst ließ dich nicht trinken.
Schließlich trug man dich im Transportkorb in den ers-
ten Stock hinauf. Alles, was dir bisher vertraut war,
fehlte hier, und der Geruch war fremd und sicher auch
Angst einflößend!
Du kamst irgendwann aus dem engen Korb heraus, um
das Katzenklo zu benützen. Vielleicht hast du auch
Wasser getrunken, das Fressen hast du verweigert. Ob-
wohl dein Vorbesitzer einige Dosen deiner Lieblings-
marke mitgebracht hatte.
Wir wussten, dass du Willi gerufen wurdest und
kastriert warst. Mehr wussten wir von dir nicht.
Du warst mit deinen großen, verängstigten Augen,
deinem dreifarbigen Fell, mit dem weißen Fleck auf
der Brust und mit den dunklen Stiefelchen allerliebst

*anzuschauen. Aber dazu gabst du uns in der nachfol-
genden Zeit nicht viel Gelegenheit, da du es vorzogst,
dich tagsüber zu verstecken. Erst abends, wenn es still
wurde, kamst du auf deinen Samtpfoten ganz vorsichtig angeschlichen. Doch nur „ein" störendes Geräusch,
und du warst wieder im Willizimmer, wie dieser Raum
jetzt genannt wurde ...*

Es hat dann doch einige Wochen gedauert, bis Willi
sich an das neue Zuhause gewöhnt hatte. Die Stimme der Schreiberin sollte ihm allerdings bald sehr
vertraut werden. Auch hatte er bereits einige tolle
Plätze gefunden, um sich zu verstecken. Und zwar so
gut, dass die neue Familie meinte, er sei für immer
weggelaufen. Man fand ihn, völlig ergraut, vom
Staub des Kellers eingefärbt, hinter einem Bretter-
verschlag. Große Freude im ganzen Haus! Kater
Willi wurde der absolute Liebling der ganzen Familie!
Die Liebe zu seinem Frauchen hatte sich schon
relativ bald entwickelt. Vor allem als die Dame des
Hauses das Bett hüten musste, siegte Willis Sehnsucht nach der Wärme des Bettes über seine Angst
vor Nähe:

*... auf einmal bemerkte ich ein leises Schnurren. Ich
war überglücklich und hätte dich am liebsten gestreichelt und an mich gedrückt, aber ich wusste, so weit
sind wir noch nicht.
Ich bin unter die Decke und habe dir eine Geschichte
erzählt: Von einem kleinen, ängstlichen Kater aus einer*

großen Stadt, der aufs Land gezogen ist, der wohl noch nie einen Garten gesehen hat, der noch nie ausgegangen ist, obwohl er doch durch eine Katzenklappe ins Freie könnte.

Lag es an meiner Stimme oder an der Geschichte, von diesem Tag an bist du jeden Tag in „Frauchens" Bett gekrochen. Wir durften näher an dich ran, und eines Tages nahm ich dich hoch und kraulte dir dein weiches Katzenfell.

Endlich war das Eis gebrochen. Du ließest Liebe und Zuneigung an dich heran, und dein wohliges Schnurren war nicht zu überhören. Du erfreust uns täglich mit deinem einzigartigen Charakter! Wir verstehen uns ohne Worte, und es ist wunderbar, dass du da bist!

Dieser Brief wurde am 2. Juli 2004 geschrieben, und ich wünsche Willis Familie, dass sie sich noch lange an ihm erfreuen kann. Und das wird auch wohl so sein, denn Katzen werden sehr alt, älter als Hunde, und haben ja überhaupt neun Leben!

Wie tröstend die Gesellschaft eines Haustieres sein kann, das beweist der folgende Brief. Er wurde mir aus Linz geschickt, und ich zeige Ihnen diese Zeilen stellvertretend für die Gedanken all jener Menschen, denen ein Haustier die Trauer um den Verlust eines geliebten Menschen etwas erleichterte. Ich meine, das sind gar nicht so wenige!

Lieber Jokele!
Seit Karfreitag 2003 bist du nun bei mir!
Ich war auf dem Friedhof und kam vom Grab meines geliebten Mannes, der nur wenige Monate vorher, nach 47 Jahren Gemeinsamkeit, von mir gegangen ist. Ich war sehr traurig und fand die Welt sinnlos und leer.
Nun dachte ich mir: „Reiß dich zusammen, es muss doch weitergehen!"
Also überlegte ich mir, was mir Freude machen könnte. Da kam mir die Idee! Wenn ich jetzt in die Stadt fahre, und es ist ein Parkplatz frei, dann gehe ich in die Tierhandlung und kaufe mir wieder einen.
Gedacht und auch getan. Gleich der erste Parkplatz war frei, und so war es Zeit, das Vorgenommene auch auszuführen. Es waren so viele im Käfig, aber du flogst kurz auf meine Hand, und da entschied ich sofort: Der wird es! So wurdest du eingepackt, und ich nahm dich mit nach Hause. Zuerst warst du etwas verschreckt, aber das legte sich bald. Da erst konnte ich deine Verletzung am Köpfchen sehen. Die Tierhandlung bot an, dich auszutauschen! Aber nein, du gehörtest schon zu mir! Deine Wunde heilte auch schnell ab.

Nun sind wir schon über ein Jahr beisammen, Du machst mir viel Freude und bringst Leben in meinen oftmals grauen Alltag!

Wenn ich von Linz nach Innsbruck mit dem Auto fahre, sitzt du neben mir in deinem Käfig – gut angegurtet natürlich. Es kommt dann vor, bei Pausen, die ich manchmal mache, dass Leute durchs Fenster zu dir hereinschauen, denn du bist ein fröhliches Kerlchen. Meine beiden Enkelinnen freuen sich auch jedes Mal, wenn ich mit dir angereist komme.

Manchmal hältst du dich für einen Adler und zwickst sie mit deinem krummen Schnabel, was ihnen natürlich weniger gefällt.

Zwei große Gummibäume hast du auch schon von ihren Blättern befreit, sodass nur mehr der Stamm übrig geblieben ist. Mittlerweile dein abendliches Turngerät. Deine Federn und deine Körner machen manchmal auch ziemlich viel Mist, und erst wenn du badest!

Aber ich bin froh, dich zu haben, und ich hoffe, du machst mir noch lange viel Freude, mein kleiner, grüner Wellensittich.

Deine – ja was bin ich eigentlich für dich?

AN STADT UND LAND

In Liedern und Gedichten werden auch immer wieder Städte und Landschaften besungen und gepriesen! Ich bin daher nicht wirklich erstaunt, dass auch Liebesbriefe an Stadt und Land bei mir gelandet sind.
Drei davon finden Sie jetzt auf den nächsten Seiten. Drei sehr unterschiedliche Briefe. Aber jeder auf seine Art einmalig und liebenswert.

Dass man sich auch in eine Stadt verlieben kann, ist nichts Neues. Und dass man sich in Wien verlieben kann, nun, das konnte selbst Wiens Bürgermeister nicht verbergen, und so war eine Zeit lang auf allen Plakatwänden in Wien zu lesen, wie verliebt der Mann in „seine" Stadt ist. Und da bin ich ganz auf seiner Seite!
Abgesehen davon gibt es jede Menge Wienerlieder, die Österreichs Hauptstadt in allen Varianten preisen.

Eine Dame aus Wien hat die Gedichtform und die Mundart gewählt, um ihre Liebeserklärung an Wien – wie sie hofft – in diesem Buch zu finden.
Nun, diesen Wunsch kann ich ihr erfüllen!

Liebesgedicht an mein Wien

I bin in mei Wean so richti valieabt, obs mas glaubts oda net,
i erfindat des Wean do glott, waunsas net schon gem tät.
I won a so richti gern im 20. Hieb wiar a so sche hasst,
waun a vü sogn, mehr via d'Höfte davau is zuagrast.

I hob nua an Hupfa eini in d'Stodt aglei.
De neiche Danau is a klasse Gschicht, i bin so frei,
de is im Summa zur Gänze okkupiat von mia,
des herrliche Wossa vom Gerinne is genau mei Bia.
Waun i zeidig in da Frua so untatauch ins kühle Noss.

Des fia mi fost – wia seinazeit – a Odaloss.
Du kannst auf da Insel walken, joggen oda radlforn
gehn,
im Summa spüt sa si so richtig o, des is a Lem.
S'Donauinselfest hot eigschlagn seinazeit wiar a Blitz,
do kuman d'Weana bei Musi in Raasch und in
d'Hitz.

Nau, und unsa Weanawoid rund um de Stodt!
Sogts ma, wos fiar a Großstodt des ois no aufzweisn
hot.
Theater, Opa, Kabareh, dem Kuiturgenuss san kane
Grenzen gsetzt,
und grod jetzt wieda, jedn Tog is da Rothausplatz voi
besetzt.
Der wird gnutzt 's gaunze Joa, Juli-August ist Füm-
festival augsogt,
Eislaufn kaunst nach Lust, wo gibt's des no, wau ma
mi frogt.
I wass net, wos ois no zwischn Rothaus und Burg-
theater gibt,
unsa Christkindlmorkt is bei Groß und bei Kla oiseits
beliebt.

Den Broda, de Wig, den Donaupark, mia fön de
Wurte dazua,
aum Himmö, mei Lieblingsplatzl, find i mei sölige
Rua.
Hearst den Schnoiza in meina Sö, waun i auf
d'Heirigen denk,

de Weanastodt is fia mi fost wira Gottesgeschenk.
Um Grinzing oder Neistift wear ma beneid in da
gauzn Wöd.
I tauschat mei Domizü mit neamd, ned um vü Göd.
Fia mi kentats kao aundare Stodt gem zum Lem.
Wia gsogt, i erfindet des Wean glott, tatsas net scho
gem.

Ein Brief an mich:

Liebe Chris Lohner!
Der See, dem meine Liebe gilt, liegt in der Steiermark,
bei Leibnitz. Die Weinbauschule Silberberg, Schloss
Seggau und der Frauenberg mit Wallfahrtskirche bli-
cken auf den See herab.
Ich lade Sie recht herzlich ein, an meinem See geistig
mein Gast zu sein.

Soviel an mich.
Und ich mache das jetzt mit Ihnen: Ich lade Sie
ebenfalls ein, Gast zu sein. Ich bin sicher, jeder von
uns wird diesen See durch die folgenden Zeilen in
seiner Fantasie anders erleben.
Kommen Sie einfach mit:

Mein See ...
... noch liegst du still unter der sanften Morgendunst-
decke. Der Ruf einer Eule stört kaum deine Ruh! Einge-
bettet zwischen Weinberg, Schloss und Kirche ruhst du
dich aus.
In dir erwacht langsam das Leben. Ein stattlicher
Karpfen springt vergnügt empor und begrüßt die
ersten Sonnenstrahlen, die den Dunst durchbrechen.
Ein seltener Gast kommt an dein Ufer. Ängstlich blickt
er hin und her. Schon umspülen deine Wellen die Läufe,
und sicher schwimmt das Reh an das Ufer, hinter dem
der schützende Wald das Wild empfängt.

Vom Kirchturm tönen sechs Schläge über dich hinweg. Sanfter Wind bringt deine Wellen zum Tanzen. Eine Wildentenfamilie beginnt ihren Morgenausflug. Der Fischer, der die Nacht bei dir Wache hielt, baut sein Zelt ab. Endlich kann die Sonne ihre Strahlenkinder in deinen auf und ab schwingenden Wellen spielen lassen. Sie glitzern um die Wette und mein Herz wird leicht. Glücksgefühle durchfluten mich. Ich freue mich auf morgen, du – mein geliebter See.

Natur pur, die das Herz aufgehen lässt! Eines von den Dingen im Leben, die man nicht kaufen kann und die einem Freude bereiten! Das wäre einen Ausflug wert!

Das passiert, wenn eine Wahlsalzburgerin in Wien verliebt ist! Sie schreibt einen bezaubernden Brief an ihre geliebte Stadt und freut sich auf den nächsten Besuch. Das freut mich als Wienerin natürlich auch ganz besonders, denn die Dame selbst lebt ja mittlerweile auch in einer sehr hübschen Stadt, die ich meinerseits sehr gern besuche. Und so finden Sie in diesem Kapitel einmal mehr eine Liebeserklärung an Wien. Eine von vielen, aber eine sehr individuelle!

Heute muss ich dir schreiben, denn es wird noch eine kleine Weile dauern, bis wir uns wiedersehen.
Ich freue mich schon sehr darauf, denn in all den Jahren, seit ich wegzog, habe ich dich nicht vergessen. Du hast dich auch gewandelt, dein Erscheinungsbild ist schöner und moderner geworden. Bekannte Architekten haben sich um dich bemüht. Man kann sagen: Du bist in der ganzen Welt berühmt!
Manche Menschen schätzen deine Stille in den alten, engen Gässchen, sind verzaubert von deinem nächtlichen Anblick vom Kahlen- oder Leopoldsberg.
Weißt du, was ich nächstes Mal gern möchte? Hinauf auf den Donauturm, Kaffee und Kuchen genießen ...
Lustig wird es auch im Prater, da möchte ich einfach zugucken, wie Kinder und Erwachsene lachen und jubeln, sich amüsieren. Das wird ein Spaß!
Ich hoffe, mein liebes Wien, du freust dich genauso wie ich, wenn ich dich besuche, obwohl ich nicht so berühmt bin wie viele deiner Kinder.

INS NETZ GEGANGEN

Tempore mutantur et nos mutamur in illis. Die Zeiten ändern sich und wir mit ihnen. Und das ist gut so. Vor allem junge Menschen nehmen Veränderungen rascher an als die schon etwas fortgeschrittenen Jahrgänge, und so ist es nicht verwunderlich, dass PC, Internet und Handys sehr schnell und mit einer gewissen Leichtigkeit zunächst einmal Medien der Jungen wurden.
Denn wenn junge Leute auch nicht mehr auf Bütten, auf duftendem, hellblauem oder rosarotem Briefpapier ihre innigsten Gefühle festhalten oder mitteilen, so bewegen sie doch die gleichen Gefühle in Sachen Liebe wie schon ihre Urgroßeltern usw. Also, wie sich ausdrücken?

Dafür ist das „Netz", das „Mail", die SMS, genau richtig. Das ist modern, zeitgemäß, rasch und zuverlässig. Und so haben vor allem in Liebesangelegenheiten die Kids das Netz und das Handy für sich erobert.

Deshalb bin ich ins Netz gegangen, um einmal nachzusehen, wer dort wem ins Netz gehen soll. Habe dort Herzzerreißendes, aber auch sehr

Originelles aus junger „Feder" (keyboard) entdeckt.
Und wie ich schon sagte, die Gefühle haben sich seit ewigen Zeiten nicht geändert.
Davon können Sie sich jetzt selbst überzeugen!

Hier sind zunächst einmal einige SMS, nicht ohne Poesie und Witz! Vielleicht einige Anregungen dabei???

Wenn du heute Nacht in den Himmel schaust
und dir dort ein Sternlein klaust,
dann küss es lieb und denk an mich,
denn dieses Sternlein, das bin ich.

Ich schreibe nicht lang ein zierlich Gedicht,
nur diese drei Worte – Ich liebe dich!

Ich wünscht, ich wär eine Träne von dir,
um in deinen Augen geboren zu werden,
auf deinen Wangen zu leben
und auf deinen Lippen zu sterben.

Manchmal denk ich, was an dieser Welt so großartig
ist. Dann denk ich an dich, und es fällt mir wieder ein.

Wollen wir Mathe üben? Wir könnten
dich und mich addieren,
unsere Kleider abziehen, unsere Beine teilen
und uns multiplizieren.

Per SMS dein Herz gebunden,
und sei dies denn nur für Sekunden,
sie überbrückt so viele Schranken
und bringt zu dir der Lieb Gedanken.

*The roses are red the snow is white the sky is blue and
so are you.*

*Ich ließ dich spielen auf dem Instrument meiner
Gefühle und wurde eins mit der Musik, die daraus
entstand.*

*Diese SMS soll dir beweisen,
dass ich überall mit dir hin würd reisen.*

*Bleib bei mir, bis der Mond nicht mehr am Himmel
scheint.*

*Ich wär so gern dein Kuscheltier,
dann läg ich jede Nacht bei dir,
würd deine Haut berühren
und könnte deinen Herzschlag spüren.*

*Na, da guckte, Absender suchte.
Gedanken bei dir, Bussi von mir,
denke an dich, Absender: Ich.*

*Lass mich dein Gummibärchen sein,
so klebrig süß und niedlich klein,
und du darfst, das soll viel heißen,
mich bis zur Unendlichkeit zerbeißen.*

*Ich will in deinen Augen leben,
in deinem Schoß sterben
und in deinem Herzen begraben sein.*

*Wollte dir etwas unbeschreiblich Schönes, Liebes,
Einfühlsames, Heißes, Erotisches und prickelnd Kluges
senden, aber leider pass ICH nicht auf's Display!*

**Du bist der Mann, dem ich in der letzten Stunde
meines Lebens neunundfünfzig Minuten in die Augen
schauen möchte.**

LOVELETTERS

Und hier sind die Briefe, sehr verschiedene, die ich im Netz gefunden habe. In diesem Fall möchte ich nicht jeden Einzelnen kommentieren. Jeder für sich ist ein Original! Und so werden Sie jetzt auch immer wieder von Liebe, Sehnsucht, aber auch von der Enttäuschung der Verlassenen lesen.

Mal witzig, mal sogar ziemlich böse, mal in Gedichtform oder in Prosa.

Allen gemeinsam sind Gefühle, so uralt wie die Menschheit, nur die Form der Mitteilung hat sich eben geändert. Aber das halte ich für ein Detail, wenn es um Liebe geht!

Ein Liebhaber sollte zugleich auch ein Freund sein. Denn wenn eine Beziehung zu Ende ist, dann bleibt vielleicht noch der Freund, wenn man das will. Und das ist offenbar hier der Fall!

Hallo Teddybär!
Ich weiß, dass du noch an deiner Ex-Beziehung hängst. Nur, ich liebe dich wirklich! Aber ich akzeptiere, dass du keine feste Beziehung haben willst, und hoffe, dass wir wenigstens gute Freunde werden können. Das würde mir schon sehr viel bedeuten, weil meine Gefühle für dich kann ich nicht abstellen, aber ich werde versuchen, sie zu unterdrücken, da ich dich nicht ganz verlieren will! Du bist einfach der liebste Mensch, den ich je getroffen habe (außer meiner Maus): Ich hoffe, wir werden uns nie verlieren, und ich werde deine Entscheidung akzeptieren!

Dieser Brief ist besonders berührend und traurig. Es ist ein Brief von einem jungen Menschen, der seine Liebe verloren hat. An den Tod. Durch Unfall oder Krankheit.

Jede Zeile ist ein Aufschrei der Verzweiflung und Ohnmacht. Gefühle, die wir alle kennen, wenn wir einen geliebten Menschen verlieren.

Dafür gibt es keinen Trost, nur Mitgefühl, und das behutsam!

Es ist komisch, jeden Morgen aufzuwachen und zu wissen, dass du nicht mal schlafen gegangen bist! Es ist sinnlos, sich an den Tisch zu setzen und das Essen hinunterzuwürgen, wenn ich gar keinen Hunger habe. Es ist egal, wie viele Leute mir ihr Mitleid ausdrücken, wenn sie nicht verstehen, was wirklich schmerzt.

Die vielen Leute können mir auch nicht helfen, und ihre ständige Nähe ertrage ich nicht. Der Weg zu dir ist so weit, dass ich an dieser Aufgabe verzweifle. Wieso soll ich nachts schlafen gehen, wenn ich nur von dir träume, schweißgebadet aufwache und jedes Mal von Neuem feststellen muss, dass es kein Traum ist!

Du hast einfach nur dagelegen, schon fast tot. Du konntest nicht sprechen, zu viele Schläuche hingen an dir. Du konntest dich nicht bewegen, weil jede noch so kleine Bewegung Tränen aus Schmerzen in deine Augen steigen ließ. Deine Haut so weiß, als wärst du schon tot, in deinen sonst so leuchtend blauen Augen, die Angst!

Ich wollte deine Hand nehmen, du drehtest dich von

mir weg, doch trotzdem hab ich deine Tränen gesehen, und ich wusste, es wird nicht mehr gut! So viele Leute hast du alleine gelassen, so viele Leute weinen Tag und Nacht bittere Tränen um dich!

Mir geht es schlecht, alle alten Wunden sind wieder aufgerissen, alles erinnert mich an dich. Der Himmel so blau wie deine Augen, das Meer so süß wie deine Tränen aus Liebe, und der Sand so weiß wie Schnee.

Das waren die schönsten Monate meines Lebens: Sonnenaufgänge, so schön wie im Film. Nächte, so erfüllend wie sonst nur die Liebe, und Abschiede, so schmerzhaft wie der Tod. Doch trotzdem war all das so wunderschön, dass ich es gegen nichts auf der Welt eintauschen würde!

Doch wenn ich könnte, würde ich mein Leben nun gegen deines eintauschen!

Junge Liebe ...

Hallo mein süßer kleiner Tigger!!
Ich wollte dir nur hiermit sagen, dass ich dich über alles
LIEBE, ich dich nie wieder verlieren will ...
Aber was ich hasse, und was mir das Vertrauen raubt,
ist, dass dich immer wieder solche TUSSIS anrufen!!
Ich kann das nicht mehr lange aushalten, denn sonst ist
mein ganzes Vertrauen weg ...
Ich weiß ja, dass du nur MICH liebst ...
Ich liebe dich,
dein Mausimo

Enttäuschte Liebe! Ein Stoff, aus dem Romane, Filme und Gedichte entstehen, vor allem wenn aus Liebe Hass wird!

Das ist zwar nicht immer der Fall, im folgenden Brief allerdings schon. Hoffentlich kann die junge Dame sich von ihrem Hass befreien. Es ist ein zerstörerisches Gefühl!

Alles ist kaputt gegangen. Du hast in meinem Zimmer gestanden, wie früher. Du hast mich angelächelt, mich gestreichelt, mein Gesicht in beide Hände genommen. Obwohl du weißt, dass diese Berührungen meinen ganzen Körper kribbeln lassen.

Dann hast du mich einfach geküsst. Natürlich, ich hätte dich wegstoßen und anschreien können, nein, müssen! Aber ich habe es nicht getan. Ich habe dich geküsst, mit dir gelacht wie früher! Alles war so selbstverständlich, so wunderschön. Wie früher!

Ich bereue es, denn du hast mich wieder von vorne bis hinten ausgenutzt. Du sagst, es stimmt nicht, aber einen richtigen Grund für das, was du getan hast, kannst du mir nicht nennen. Ich merke, dass dieser Fehler mich wieder zurück an den Anfang gebracht hat. Nur weiß ich nicht, was richtig und was falsch ist. Ich habe alles versucht, sogar den Kontakt zu dir abgebrochen, doch es war die Hölle. Ich will dich nicht mehr sehen, will dich nicht mehr in meiner Nähe haben.

Niemals mehr will ich deine sanfte Haut auf meiner spüren, ich will nur, dass du gehst. Egal wohin, nur weg von mir. Du hast mir das Herz gebrochen, du hast es zerstört. Alles, was mir wichtig war, hast du mir genommen. Keine Minute hast du wirklich an mich gedacht. Weißt du eigentlich, wie weh es tut, wenn man erkennt, dass man den Falschen liebt?

All das klingt unheimlich hart, die Hälfte stimmt wahrscheinlich nicht mal ganz, aber es tut weh. Du hast mich ausgenutzt, und ich habe auch noch mitgemacht, weil ich dachte, es bringt dich wieder zu mir zurück!

Du hast es dir immer so einfach gemacht. Du hast dich Millionen Mal entschuldigt, aber vergiss es! Nicht mal einhundert Millionen Entschuldigungen können das wieder gut machen, was du mir angetan hast.

Niemals habe ich einen solchen Schmerz gespürt, niemals musste ich tagelang weinen, ohne auch nur einmal zu lachen, niemals habe ich gehofft, die Welt würde untergehen und ich mit ihr, niemals hab ich mir gewünscht, ein anderer Mensch zu sein und wieder eine Chance bei dir zu haben, bis auf den Tag, an dem du mir alles nahmst.

Hätte ich gewusst, wie weh es tut, deine Hand loszulassen, hätte ich sie niemals berührt. Ich habe dich geliebt, heute ist es Hass, weil ich dich liebte. Alles, was Liebe ausmacht, existiert nicht mehr. Du hast mich verloren, und ich verspreche dir, ich werde alles dafür tun, dass du mich nie wieder findest.

Daniela

Jetzt möchte ich Ihnen Gerald vorstellen, der erstens rasend verliebt ist und gleich zwei Briefe schrieb und zweitens auf die Wirkung von Champagner schwört! Wir werden es zwar nie erfahren, wie die Sache ausgegangen ist oder ausgehen wird, aber sagen wir doch mal: Möge die Übung gelingen!

Claudia!
Oh, du, mein liebster Schatz!
... Wie gern würde ich mit dir nach Paris entfliehen, um dort mit dir bei goldenem Kerzenlicht Champagner zu genießen. Du bist für mich die große Liebe meines Lebens! ... Lass uns in Zukunft alles zusammen durchstehen!
In großer Hoffnung ...
Dein Geliebter Gerald

... und jetzt will Gerald den Champagner nicht nur trinken, sondern darin baden! Keine schlechte Idee!!!

Claudia!
Hey, du Liebesbombe! Gerade hatte ich einen Kurzanfall von Sehnsuchtszittern und musste dabei unwillkürlich an dich denken, und daran, wie du beim m@ilen aussiehst. ... Honeypie, bitte betöre mich und schreib mir heiße Liebesbriefe! Ich möchte lustvoll in Edel-Champagner mit dir baden. Dein linkes Ohr setzt ungeahnte Fantasien in mir frei.
Bis ganz bald, mein knackiger Feger. Es begehrt dich dein Tiger Gerald

H in- und hergerissen zwischen Liebe und Verzicht, zwischen Liebe und Wut, unsicher, was sie tun soll, so präsentiert sich die junge Dame in dem folgenden Brief. Und wir alle wissen, die wir je geliebt haben, dass dieser Zustand durchaus ganz normal sein kann.

Auch wenn es zunächst ziemlich brutal klingt, wenn sie – ich vermute, es ist auf Schwäbisch – schreibt:

Am liebsten würde ich dir den Hals umdrehen, aber des geht ja net, weil du nicht da bist! Also, hör mir jetzt zu, ich meine, du wirst den Brief sowieso niemals lesen, aber des isch jetzt au schon piepegal!

Also, ich habe dich total doll geliebt, verstehste, richtig! Und du hast gesagt, des du mich au liebst, doch dann hast du Schluss gemacht, ich weiß nicht wieso, aber ich war eigentlich nicht so traurig darüber, wie ich es erwartet hatte! Vielleicht weil du mir alles so gut zu verstehen gegeben hast!? Ich mein, wir haben noch in derselben Stunde über alles gelacht, halt wie die besten Freunde, und ich habe nach diesem Gespräch nur lachen können, nicht weinen! Am nächsten Tag, da sagtest du zu deiner und meiner Freundin, des du mich noch irgendwie liebst, na ja, ich war glücklich! Dann sollte ich dich anrufen, abends, das hab ich au gemacht, da sagtest du aber, des du dich neu verknallt hascht und sie zu 70 % dazu beigetragen hat, dass du mit mir Schluss machst!

Ich war traurig! Ich hab dir Sachen an den Kopf geworfen, die ich nicht wollte! Dann hast du angefangen zu weinen, aber wieso? – Weil du mit mir Schluss gemacht hast, sagtest du! Aber das habe ich nicht verstanden, weil du doch neu verknallt warst! Da sagtest du aber, dass du es selber nicht weißt, du kennst sie ja noch nicht mal! Danach lag ich wach in meinem Bett und konnte nicht einschlafen, ich hab dich nicht verstanden, es war alles unlogisch, was du da gelabert hascht! Egal!

Am nächsten Tag, da haben wir ganz normal miteinander gelabert, und danach hast du zu unserer Freundin gesagt, des du mich in den Ferien voll vermissen wirst! Weißt du eigentlich, was du da gesagt hast?! Du hast zu mir gesagt, des du mich anrufst! Hast du nicht gemacht! Ich fühl mich von dir richtig verarscht, weißt du des eigentlich!???

Ich hab dich wirklich geliebt, und es war auch eine unbeschreiblich geile Zeit mit dir (siehe Brief: An meinen Schmusebär), aber ich weiß einfach nicht, was ich über dich denken soll, auf der einen Seite wär ich gerne wieder mit dir zusammen, naja, und auf der anderen könnte ich dir meine Wut geradewegs ins Gesicht BRÜLLEN, ich weiß nicht, was ich für dich fühle, nur Freundschaft oder doch noch Liebe?! Ich will mit uns 4 wie früher durch die Straßen ziehen und Spaß haben, aber nur Freundschaft!? Ich weiß nicht, was ich fühlen würde, wenn ich dich mit einem anderen Mädchen Hand in Hand gehen sehen würde, aber ich will ein neues Leben beginnen, mit einer anderen Liebe, einer neuen Liebe, ich will dich aber nicht als Freund verlieren, obwohl du es nicht verdient hast, irgendwie glaub ich, des du mit mir spielst, aber ich kann darüber eigentlich nur lachen, ich weiß auch net, ich kann nicht mehr weinen wegen dir, des hätt ich nie gedacht! Vielleicht weil ich nicht mehr so verwundbar und naiv bin wie früher!?

Ich weiß es nicht, ach, isch doch sowieso scho alles egal, aber eins steht fest: Ich will dich nicht aus meinem Leben streichen und UNSERE Zeit vergessen! Ich wünsche dir viel Liebe und Glück in deinem Leben, vergiss nie, da gibt es einen Menschen, der dich lieb hat! Aber nicht weiß, wie lieb!!!!

Anna

as ist von ihm an sie! Und ehrlich gesagt, ich kann mir nicht vorstellen, dass sie da widerstehen kann! Abgesehen davon: Haben Sie schon einmal einen Bären steppen sehen? Muss ja irre sein, die Nummer!

Hallo Zuckerstück!
Lust auf eine richtig geile Party? Mit dir und mir als Stars der Szene abfeiern, was das Zeug hält? Die Post soll abgehen und der Bär soll steppen, weil du und ich so eine richtige Superkombi sind. Weil wir beide zusammenpassen wie Harley und Davidson und weil ich dich brauche wie der Hopfen das Malz. Hau rein, steig auf und ab geht's!
Baby, lass uns alles klarmachen. Sag einfach „Ja", mach alles klar, und wir starten auf unsere Tour zu den Sternen.
Ich will, dass du mein Sozius für immer und ewig wirst.
Ich hab 1.001 Bock drauf – und du????

EIN TRAUM, DER SICH NIE ERFÜLLT ...
ja, es ist so wunderschön mit dir ...
lass uns träumen ... lass uns entfliehen der Realität ...
lass uns in Wolken schweben ...
komm mit in das Land der Fantasie ...
in das Land des Glücks und der Zärtlichkeit ...
lass uns schweben ... lass uns fühlen ...
lass uns träumen ...
... wir lauschen dem Lied des Windes,
der zärtlich mit tausend Zungen über unsere nackte
Haut streichelt ...
er erzählt uns von dem Leid der Wellen,
die sich mit wilder Leidenschaft an den Felsen des
Ufers festklammern
und doch ohne Liebe in die Tiefe der Endlosigkeit
zurückgestoßen werden
...
wir spüren die grenzenlose Erregung des Meeres,
das doch immer wieder,
unaufhaltsam – seine Spuren im Sand zurücklässt ...
wir sehen den Himmel, sehen die Sonne,
die eine Wohlgefühl verbreitende Wärme auf unseren
Körpern hinterlässt
...
wir riechen den Körper des anderen,
der sich mit dem Duft von Seetang
vereinigt ...
wir sehen uns an ...
das Rauschen der Wellen ...
das Säuseln des Windes – es hat uns

angesteckt –
wir streicheln das Haar des anderen ...
zählen die kleinen, unermesslich vielen Sandkörner ...
die millionenfach unsere Körper schmücken und
Worte auf unsere Haut
schreiben ...
Worte von Liebe, Zuneigung,
Gefühl und Zärtlichkeit ...
wir küssen uns, schmecken das Salz –
das sich in unsäglich vielen Kristallen auf unseren
Lippen ausbreitet
...
für uns ist es der Geschmack der Zugehörigkeit – der
Gemeinsamkeit ...
unsere Körper reiben sich aneinander ...

Nicht direkt ein Abschiedsbrief, aber doch ähnlich! Wichtig scheint mir, dass sich die junge Frau ihren Kummer und ihre Wut von der Seele schreibt, und das kann durchaus heilsam sein!

Ich war bereit, alles für dich zu geben, ich war bereit, für dich alles zu tun und für dich bis ans Ende der Welt zu gehen! Ich wusste immer, dass du mich nie geliebt hast und mich nie so lieben würdest, wie ich dich liebe! Aber es tut weh, dass du mir auf einmal alles ins Gesicht sagst!

Deine Freunde sagten immer schon, dass ich nicht die Richtige für dich wäre! Ich habe nicht gehört, ich war blind vor Liebe! Meine Freunde versuchten, mich von dir wegzubringen, weil sie dich schon länger kannten!

Deine Schwester warnte mich immer wieder: Du würdest mir irgendwann sehr, sehr weh tun, und so geschah es auch, nur drei Wochen später, aber den Rest weißt du am besten. Ich habe geweint, geweint vor Schmerz, ich war todunglücklich, doch nach der Zeit hat sich der Schmerz in Wut verwandelt!

Wut auf dich, auf meine damaligen Gefühle gegenüber dir! Und jetzt ... jetzt sitze ich hier am PC und denke an meine Liebe zu dir und könnte mich ohrfeigen!!!

Ich hoffe, dass ich dich irgendwann vergessen werde und dass du nie wieder einem Mädchen so weh tust, wie du mir weh getan hast!!!

An einen Ex-Freund, von seiner Ex-Miri

Und wieder ist es der Verlust einer Liebe, allerdings mit der Hoffnung, dass das geliebte Geschöpf eines Tages zurückkehrt.
... auch das kennen wir, oder?

Lieber D.!
Ich weiß, dass du diesen Brief wahrscheinlich nie lesen wirst, aber trotzdem möchte ich mir meinen Schmerz von der Seele schreiben.
Eigentlich müsste ich sehr sauer und wahnsinnig enttäuscht von dir sein. Die meisten Menschen sagen, es gibt einen Punkt, an dem jeder Mensch sagt, dass es reicht, dass es genug ist. Ich glaube aber, dass dieser Punkt niemals bei mir ankommen wird, wenn ich an dich denke. Du kannst tun und machen, was du willst, und ich verzeihe dir jedes Mal wieder.
Die einzige Erklärung, die ich habe, ist, dass du mir mehr bedeutest, als mir je ein Mensch bedeutet hat. Ich bin so verliebt in dich, dass es mir vorkommt, als würden tausend Messer mitten in mein Herz stechen, wenn ich daran denke, dass du eine andere liebst, bzw. dass du mich nicht liebst.
Ich hoffe, dass du irgendwann einsiehst, dass du nie wieder jemanden finden wirst, der dich so liebt, wie ich es tu, und dass du dann zu mir zurückkommst. Ich kann dich zu nichts zwingen.
In ewiger Liebe,
L.

Ein Liebhaber an seinen Liebhaber!
Wir alle wissen, das gibt es! Denn es gibt alles auf dieser Welt! Und: Jeder soll nach seiner Fasson selig werden (dürfen)!

Sascha, ich wollte dir hiermit sagen, dass ich dich wirklich über alles liebe und ich dich niemals verlieren will!!!
Du weißt, du bist mein allerbester Freund, und ich will nur das Beste für dich!!! Siehst du denn nicht, wie dich René ausnutzt? Er ist kein richtiger Freund, das merkt man doch schon alleine, wie er mit dir umgeht!!! Bitte, versuch von ihm wegzukommen!!! Ich habe Angst, dass du dich wirklich irgendwann wegen ihm umbringst!! Versteh mich halt endlich, BITTE!
Ich liebe dich über alles und will dich wirklich niemals verlieren!
Denk mal darüber nach!!!!!!!
Knuuuuutsch
Dein Naddlschätzle

Auch das ist ein Abschiedsbrief, allerdings bereits ziemlich abgeklärt und wie man so schön sagt: „Recht vernünftig!"
Aber was hat Liebe schon mit Vernunft zu tun? Nichts, meine ich!

Wenn ich jetzt sagen würde, ich habe dich vergessen, würde ich lügen. Denn ich muss mir eingestehen, dass es nicht so ist. Ich glaube, ich habe gelernt, damit umzugehen und zu akzeptieren, wie es ist. Dass ein „wir" einfach keine Zukunft hat.
Denn du bist es nicht wert. Ganz unerwartet kommen Erinnerungen wieder hoch, und ich spüre immer noch ein Stechen in meinem Herzen. Doch kommen mir nicht mehr bei jedem traurigen Lied die Tränen. Ich kämpfe um mein Herz. Ich will es wieder haben. Du willst Freundschaft? Vergiss es!
Seitdem ich nichts mehr von dir gehört habe, geht es mir bedeutend besser. Und ich will, dass es so bleibt. Ich habe dich aus meinem Leben gestrichen.
Ich will dich nicht mehr sehen. Ich will gar nicht dran denken, was passieren wird, wenn wir uns begegnen. Allein der Blick in deine Augen. Nein, das darf ich nicht zulassen! Tu dir selbst einen Gefallen und lass mich in Ruhe. Ich werde auch ohne dich glücklich, ganz bestimmt. Und vielleicht wird „er" mir dabei helfen, dich ganz zu vergessen.
Daniela

Entweder ist dieser Mensch besonders originell oder er hat halt wirklich ein Problem! Dann will ich doch hoffen, dass es sein Liebesleben nicht wirklich stört!

Oooooh Ch.!
1000 Jahre will ich mit dir in einem Trandkorb itzen! In deinen Augen die Chnuppen erloschener Terne zählen! Dem Knirschen des Andes zwischen deinen Zähnen lauschen! Nur noch flüstern beim Anblick deiner vibrierenden Nüstern! Ein wenig, ein ganz kleines bisschen tört mich allein das Charren deiner üßen Hufe, meine Geliebte!
Lass mich die Nägel aus deinen Eisen ziehen! Vielleicht schon morgen? Dann können wir endlich lautlos und anft durch ein hoffentlich nie endendes, gemeinsames Leben galoppieren!
Hoffentlich empfindest du noch immer genauso viel für mich, obwohl du inzwischen icher mitbekommen hast, dass ich einen klitzekleinen ess-Fehler habe!

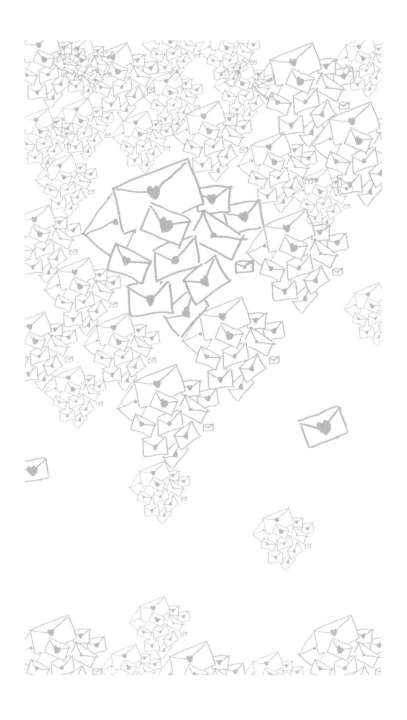

GELIEBTE FANPOST

Weil ich dreißig Jahre lang Fernsehfrau gewesen bin, somit also bei verschiedenen Menschen via Bildschirm zu Gast, bin ich vielen von ihnen so vertraut, dass sie mir schreiben. Briefe über ihre Sorgen, ihre Lieben, ihr Leben und über ihr Verhältnis zu mir.
Und von diesen Briefen besitze ich noch ziemlich viele, weil sie eine schöne Erinnerung sind. Manche habe ich vernichtet, denn sie waren eher pornographischer Natur.
Von den anderen will ich Ihnen nur einige zeigen! Fanpost, die nicht nur aus Autogrammwünschen besteht, sondern auch aus Komplimenten, über meine Arbeit und meine Person!
Und das hat mich natürlich riesig gefreut, denn es sind ja Sie, also das Publikum, das entscheidet, ob es die Arbeit eines Künstlers annimmt oder ablehnt! Und vom Angenommenwerden leben wir alle, die wir uns produzieren oder etwas produzieren: im Film, als Maler, Schriftsteller usw.
Hier ist sie also, meine Fanpost! Vielleicht entdecken Sie sogar Ihren Brief darunter. Wer weiß!

Das ist ein Brief etwas skurriler Natur, geht es doch um meine Zähne!
Allerdings: Mein Zahnarzt hat sich sehr darüber gefreut, denn ich habe ihm selbstverständlich den Brief gezeigt!

... ich sah unlängst ein Foto von Ihnen, auf dem Ihre Zähne ganz fantastisch aussahen! Würden Sie mir, bitte, verraten, welcher Zahnarzt Sie derart in Schuss hält?
Ich wäre Ihnen wirklich sehr verbunden, umso mehr als ich als 50-Jährige aus vielerlei beruflichen Gründen für ein gutes Aussehen unbedingt Sorge tragen muss! ...

Natürlich habe ich der Dame sofort geschrieben! Hoffentlich war Sie mit meinem Zahnarzt zufrieden!

Bei manchen meiner Fans machte sich sogar die poetische Ader bemerkbar. Hier ein gutes Beispiel dafür!

Druck i auf das Fernsehknöpfl,
Wann's mi grad amal so glust,
Is ma do des Lohner-Köpfl,
's allerliabst! A wahre Lust!
'S a Freud, dö Art und Weis'n,
Wias ihr Ansag unterbringt.
Und ma muaß sie extra preis'n,
Wia si ihren Tschob bezwingt!
Ganz normal, ohne Allüren,
Gar net wia a Supastar,
Und ma kann's so richtig g'spüren,
Unverdorben, des is klar.
Will auf solche Art ihr dankn
Für das wunderschöne Gfühl,
Möchat Rosn um sie rankn,
Wunderts euch, wann i dös wü?

Danke!!!!!!!

Ein Fanbrief der besonderen Art!

Ich will es Ihnen nicht antun und das, was hier vor mir auf dem Schreibtisch liegt, komplett einscannen, damit Sie es auch sehen können, weil es wirklich sehenswert ist. Also erzähle ich es einfach!

Da hat jemand aus Begeisterung vor einigen Jahren eine unglaubliche Arbeit auf sich genommen: Er hat meinen Namen 3185 Mal geschrieben, auf liniertem Papier, und das mit der Hand!

Da fehlten sogar mir die Worte!

In etwa so sieht das aus und davon gibt es zehn dicht beschriebene Seiten, auf beiden Seiten!!

Chris Lohmer   Chris Lohmer   Chris Lohmer

Chris Lohmer   Chris Lohmer   Chris Lohmer

Chris Lohmer   Chris Lohmer   Chris Lohmer

Chris Lohmer   Chris Lohmer   Chris Lohmer

Chris Lohmer   Chris Lohmer   Chris Lohmer

Chris Lohmer   Chris Lohmer   Chris Lohmer

Chris Lohmer   Chris Lohmer   Chris Lohmer

Chris Lohmer   Chris Lohmer   Chris Lohmer

Chris Lohmer   Chris Lohmer   Chris Lohmer

Chris Lohmer   Chris Lohmer   Chris Lohmer

Chris Lohmer   Chris Lohmer   Chris Lohmer

Chris Lohmer   Chris Lohmer   Chris Lohmer

Chris Lohmer   Chris Lohmer   Chris Lohmer

Chris Lohmer   Chris Lohmer   Chris Lohmer

Chris Lohmer   Chris Lohmer   Chris Lohmer

Chris Lohmer   Chris Lohmer   Chris Lohmer

Chris Lohmer   Chris Lohmer   Chris Lohmer

Chris Lohmer   Chris Lohmer   Chris Lohmer

Chris Lohner   Chris Lohner   Chris Lohner
Chris Lohner   Chris Lohner   Chris Lohner
Chris Lohner   Chris Lohner   Chris Lohner
Chris Lohner   Chris Lohner   Chris Lohner
Chris Lohner   Chris Lohner   Chris Lohner
Chris Lohner   Chris Lohner   Chris Lohner
Chris Lohner   Chris Lohner   Chris Lohner
Chris Lohner   Chris Lohner   Chris Lohner
Chris Lohner   Chris Lohner   Chris Lohner
Chris Lohner   Chris Lohner   Chris Lohner
Chris Lohner   Chris Lohner   Chris Lohner
Chris Lohner   Chris Lohner   Chris Lohner
Chris Lohner   Chris Lohner   Chris Lohner
Chris Lohner   Chris Lohner   Chris Lohner
Chris Lohner   Chris Lohner   Chris Lohner
Chris Lohner   Chris Lohner   Chris Lohner
Chris Lohner   Chris Lohner   Chris Lohner
Chris Lohner   Chris Lohner   Chris Lohner

Das ist eigentlich ein Liebesbrief von einem Fan! Ich habe ihn zwar nie kennen gelernt, wie das halt so ist, aber ich will Ihnen gern den Brief zeigen!

... Jetzt mal ehrlich: Ich habe mich in Sie (dich) so verliebt, dass ich ohne dich nicht mehr leben will. Zu viel ist mit mir geschehen. Man verlangt von mir Unmögliches, nämlich dich zu vergessen. Wer das will, will meinen Tod!
Ich möchte mit dir Kinder! Was gibt es sonst noch für uns? Heirate mich!!!!!!!!! Ich liebe dich!!!!!!

... und das, obwohl mich der Mann nur vom Bildschirm kennt!!! Vielleicht sein Glück? Wer weiß!

Mit dem Beginn meiner Tätigkeit als Fernsehsprecherin, begann sich auch die Presse für mich zu interessieren. So gab es hin und wieder eine Geschichte über mich, ein Interview mit mir, und natürlich ein entsprechendes Foto dazu. Auf einem dieser Fotos muss ich wohl mit meinen 170 Zentimetern besonders groß ausgesehen haben, denn es erreichte mich folgender Brief:

... Ich bin aus Tirol und habe soeben Ihr Bild in der Zeitung gesehen. Sie sind die richtige Frau für mich. Ich bin 2,20 m groß und hätte auch gern eine große Frau. Also, schreiben Sie mir, wann Sie Zeit haben, nach Tirol zu kommen. Ich komme aber auch nach Wien ...
Ich glaube, aus uns könnt schon was werden! ...

Was soll ich Ihnen sagen? Aus „uns" ist nichts geworden! Wäre eh zu klein für diesen Herrn gewesen! Es ist halt alles eine Frage der Perspektive!

Dieser Brief ist ein wenig grenzwertig, aber Sie sollen einmal sehen, welchen Fantasien man ausgesetzt ist, wenn man ein „öffentlicher" Mensch ist! Wobei dieses Schreiben noch eher zu der harmloseren Sorte gehört!

... wenn Sie mir gestatten, ich liebe Sie abgöttisch! Für mich sind Sie eine Göttin, die immer weiß, was sie will. Jeder Mann muss zu Ihnen aufschauen und Sie als seine Herrin anerkennen! Ich bitte um Vergebung, dass ich Sie als Herrin anspreche, aber ich bin fest davon überzeugt, dass jede Frau über ihren Mann herrschen will. Ich möchte Ihr Sklave sein und Ihnen jeden Wunsch erfüllen. Ich möchte zu Ihren Füßen liegen und zu Ihnen aufschauen!
Ich habe Sie einmal am Tag der offenen Tür im ORF-Zentrum persönlich gesehen. Von da an war mir bewusst, was für eine wunderschöne Frau Sie sind. Von dieser Minute an war es um mich geschehen.
Auch höre ich aus vieler Munde, dass Sie sehr beliebt sind.
Für mich sind Sie die schönste Frau, die ich jemals im Fernsehen gesehen habe ...

... usw. Den Rest will ich Ihnen eigentlich ersparen.

Wann immer jemand von mir ein Autogrammfoto wollte, habe ich es natürlich geschickt. Ich habe auch alle Briefe selbst beantwortet. Das muss einfach sein. Und so habe ich folgendem Herrn ein Foto geschickt, nachdem er mich so charmant darum gebeten hat:

... es gibt nur wenige Persönlichkeiten im Fernsehen, von denen eine derart gewaltige Ausstrahlung ... ausgeht. Oder besser – Sie sind die EINZIGE! Ich verehre und liebe Sie sehr und freue mich jedes Mal, wenn ich Sie auf dem Bildschirm sehe. Sie würden mir mit einem Foto eine riesige Freude bereiten.

Er hat mein Foto bekommen und ich daraufhin folgenden Brief:

Ich möchte mich ganz herzlich für das Foto bedanken, welches mich an meinem Geburtstag erreicht hat. Ein ganz bezauberndes Geschenk! Wenn es irgendmal möglich wäre, dass ich etwas für Sie besorgen könnte oder was auch immer – ich täte es mit großer Freude. Aber keinesfalls möchte ich aufdringlich sein. Wie dem auch sei: Ich bin Ihnen sehr verbunden und verbleibe als Ihr stiller Bewunderer.
PS: Natürlich bin ich etwas verrückt!

Na, wenn das verrückt ist, so kann er sich vermutlich gar nicht vorstellen, was manche Menschen alles zu Papier bringen. Jedenfalls scheint mir dieser Mann ein recht kultivierter „Verrückter" zu sein.

Das war jetzt ein ganz kleiner Querschnitt aus sehr, sehr vielen Briefen, die ich nochmals für Sie gelesen habe. Vielleicht haben Sie jetzt einen Eindruck davon, was mir seit vielen Jahren ins Haus geflattert ist und noch flattert.

Die bösartigen und ekelhaften Ausgaben habe ich nicht behalten. Zum Glück und zu meiner Freude waren es auch relativ wenige. Meist ging's um meine Frisur, meine Kleider oder einmal sogar um meine Fingernägel. Rote Fingernägel sind nämlich angeblich unappetitlich!

Nun, ich habe sie immer noch, und ich denke, das ist meine Sache.

Wichtig für mich sind alle freundlichen und liebevollen Briefe. Sie erinnern mich immer wieder daran, dass es – mir unbekannte – Menschen gibt, denen meine Arbeit Freude bereitet und die sich mit mir über meine Erfolge freuen! Und das ist doch etwas ganz Besonderes!

Das ist schon klassisch

Mit Ehrfurcht blättern wir heute – falls wir überhaupt irgendwo blättern – in alten Archiven und versuchen einen Blick durchs Schlüsselloch der Zeit zu erhaschen. Wie haben sie denn ihre Gefühle zu Papier gebracht, die Damen Wagner oder Browning, die Herren Goethe oder Beethoven?
Wieviel Ehrfurcht muss man aufbringen, wenn man deren sinnliches Begehren auf Bütten oder sonstwie in Händen hält? Wie ehrfurchtsvoll wird doch von all jenen Berühmtheiten ferner Zeiten gesprochen, obwohl sie doch so waren wie du und ich. Halt ein bisschen genialer! Aber geliebt, gelebt, haben sie auch. Und nicht zu knapp, wie mir scheint.
Und dann war ja da noch ihre Zeit, ihre Sprache, so wie heute unsere, und was uns so klassisch anmutet, war damals durchaus gewagt, frivol, ja sogar unzüchtig, könnte ich mir vorstellen.
Aber urteilen Sie selbst!

Zunächst auszugsweise nur einige klassische Häppchen ...

Ernest Hemingway
*21. Juli 1899 in Oak Park/Illinois
†2. Juli 1961 in Ketchum/Idaho

Später werden wir wie ein einziges Tier des Dschungels sein und uns so nah sein, dass keiner von uns sagen kann, dass dies der eine ist und nicht der andere. Kannst du nicht spüren, wie mein Herz deines ist?

Mark Twain
(eigentlich Samuel Langhorne Clemens)
*30. November 1835 in Florida/Missouri
†21. April 1910 in Redding/Connecticut

An seine Frau Olivia Langdon:

Schatz, ich hab den heutigen Brief schon abgeschickt, aber ich bin so stolz auf das Privileg, dem liebsten Mädchen der Welt zu schreiben, wann immer ich mag, dass ich einige Zeilen anfügen muss, und sei's nur, um zu sagen, ich liebe dich, Livy. Denn ich liebe dich, Livy – wie der Tau die Blumen liebt, wie Vögel die Sonne lieben, wie Wellen den Wind lieben, wie Mütter ihr Erstgeborenes lieben ...

Walter Bagehot
*23. Februar 1826 in Langport, Somerset, England
†24. März 1877 ebendort

Der Journalist aus den Gründertagen des „Economist" an seine zukünftige Frau Elizabeth Wilson:

Ich laufe herum und sage mir dauernd vor: „Ich habe es geschafft, dass dieses wunderbare Mädchen sich mir anvertraut, ich habe es geschafft." Und dann springe ich mit einem Freudenschrei über das Sofa.

Sherwood Anderson
*13. September 1876 in Camden/Ohio
†8. März 1941 in Colón/Panama

Der Schriftsteller über Elisabeth Paul, eine seiner Ehefrauen:

Meine wunden Füße wurden vom goldenen Staub der Straße berührt. Meine Finger fassten nach dem Gold und Silber des Gewandes, das sie umhüllte. Mit einem kleinen, leisen Lachen trat sie in mich ein. Ich wurde in sie hineingezogen, und ich wurde geheilt.

Richard Wagner
*22. Mai 1813 in Leipzig
†13. Feb. 1883 in Venedig

An seine erste Frau Minna Planer-Wagner:

Du bist ein Stück von mir geworden, und ich fühle in all meinen Gliedern eine Verstümmelung, wenn du mir fehlst. Ach, wenn du nur halb meine Wehmut teiltest, so wärest du ganz Liebe und Andenken an mich. Ich habe noch viel geweint ... Ich war noch bald selbst zu dir gekommen, aber dann war ich bei dir geblieben – das wusste ich wohl und hätte Reise und alles aufgegeben. Ach, wer beschreibt meinen einsamen Zustand!

Rudolf Diesel
*18. März 1858 in Paris
†29. September 1913 im Ärmelkanal

An seine Frau Martha Diesel:

Mein Motor macht immer noch große Fortschritte ... Schwillt dir nicht die Brust bei diesem Worte? Fast möchte ich selbst stolz werden, wenn ich dazu Anlagen hätte. So aber freue ich mich still vergnügt, innerlich, ohne Sang und Klang, befriedigt in dem Bewusstsein, dass ... unsere Zukunft gesichert ist, denn das ist sie jetzt.

Simone de Beauvoir
*9. Januar 1908 in Paris
†14. April 1986 in Paris

An Jean-Paul Sartre:

Mein Geliebter!
Ich empfand unsere Liebe nie stärker als an dem Abend in Les Vikings, als du mich so lieb ansahst, dass ich mich fühlte wie beim Weinen ... Wäre es nicht so unbequem zum Schreiben eingerichtet, würde ich die Seiten füllen, um dir zu sagen, wie glücklich ich bin und wie sehr ich dich liebe. Aber mich tröstet die Tatsache, dass du das selbst klar gefühlt hast, nicht wahr, kleiner Mann. Hier sind hundert Küsse, jeder enthält dieselbe Botschaft.

Willy Brandt
Eigentlich Herbert Ernst Karl Frahm
*18. Dezember 1913 in Lübeck
†8. Oktober 1992 in Unkel am Rhein

An seine zweite Frau Rut:

Ich sitze hier mit einem Gefühl, als ob wir auf dem Standesamt waren und ich habe „ja" gesagt und du „aber".

Alexandra von Russland, ehemals dt. Prinzessin Alexandra von Hessen-Darmstadt

1894 an ihren Ehemann Nikolaus II., den letzten Zaren:

Niemals glaubte ich, dass solch ein äußeres Glück in der Welt existieren könnte, solch ein Gefühl der Einheit zwischen zwei sterblichen Wesen. Ich liebe dich, diese drei Worte beinhalten mein Leben.

Am 16. Juli 1918 wird der Zar und seine Familie von bolschewistischen Truppen ermordet.

Wolfgang Amadeus Mozart
*27. Januar 1756 in Salzburg
†5. Dezember 1791 in Wien

An seine Frau Constanze, 1789:

Liebstes bestes Weibchen!
Liebstes Weibchen, hätte ich doch auch schon einen Brief von dir! Wenn ich dir alles erzählen wollte, was ich mit deinem lieben Porträt anfange, würdest du wohl lachen. Zum Beispiel, wenn ich es aus seinem Arrest herausnehme; so sage: grüß dich Gott, Stanzerl! – Grüß dich Gott, Spitzbub – Krallerballer – Spitzignas – Bagatellerl – schluck und duck –, und wenn ich es wieder hineintue, so lasse ich es so nach und nach hinunterrutschen und sage Nu – Nu – Nu – Nu!, aber mit dem gewissen Nachdruck, den dieses so viel bedeu-

tende Wort erfordert, und bei dem letzten schnell: Gute Nacht, Mauserl, schlaf gesund! – Nun glaube ich so ziemlich was Dummes (für die Welt wenigstens) hingeschrieben zu haben, für uns aber, die wir uns so innig lieben, ist er gerade nicht dumm. – Heute ist der sechste Tag, dass ich von dir weg bin, und bei Gott, mir scheint es schon ein Jahr zu sein. – Du wirst wohl oft Mühe haben, meinen Brief zu lesen, weil ich in Eile und folglich etwas schlecht schreibe. – Adieu, liebe Einzige – der Wagen ist da ...

Lebe wohl und liebe mich ewig so wie ich dich; ich küsse dich Millionen Mal auf das Zärtlichste und bin dein dich zärtlich liebender Gatte

W. A. Mozart

Soweit einige Kostproben aus klassischer Feder. Wenn Sie jetzt Lust auf mehr bekommen haben, so kann ich Ihnen auch das bieten. Diese Lektüre ist der Beweis dafür, wie zeitlos Liebesbriefe sind, auch wenn Ihnen die Sprache gelegentlich altmodisch vorkommt. Es geht immer um jene Gefühle, die die Menschheit seit Anbeginn bewegt haben und auch heute noch bewegen. Hätten Eva und Adam schon schreiben können, wer weiß, was wir da heute lesen würden! Aber auch das, was ich für Sie aus den Archiven ausgesucht habe, ist mindestens so interessant und aufschlussreich wie einzelne Kapitel in unseren Geschichtsbüchern. Diese klassischen Liebesbriefe sind auch gleichzeitig Dokumente einer längst vergangenen Zeit, obwohl doch gefühlsmäßig zeitlos! Sie lassen vor unserem geistigen Auge Bilder und Stimmungen entstehen, die uns faszinieren und das Heute für kurze Zeit vergessen lassen.

Auch wer und was sie wann gewesen sind, will ich Ihnen nicht vorenthalten.

Johann Strauß und Adele

Er wurde am 25. Oktober 1825 im damaligen
St. Ulrich, heute Wien, geboren. Wäre es nach seines
Vaters Wünschen gegangen, so hätte er Bankbeam-
ter werden sollen. Wir alle wissen, es kam anders.
Und so verdankt ihm die Welt die schönsten Walzer-
melodien, unter anderen die Operette „Die Fleder-
maus", und Österreich die „geheime" Bundeshym-
ne: „An der schönen blauen Donau".
Johann Strauß war dreimal verheiratet. Seine letzte
Frau Adele überlebte ihren 31 Jahre älteren Ehemann um – wie bizarr! – 31 Jahre!
Sie galt als penible Nachlassverwalterin ihres Mannes, den sie schon zu Lebzeiten gemanagt hatte. Das
brachte ihr auch den Beinamen „die lästige Witwe"
ein.
Vorerst hing aber der Himmel noch voller Geigen,
und „Jean", wie sich Johann Strauß gern nannte, war
im Glück.

Johann Strauß an seine Frau Adele
Innigst geliebte Adele!
Wie hast du deinen Jean außer Rand und Band ge-
bracht! Da hast du's. Wie er übermütig wird – da hast
du's. Scherzen, lachen, springen, sogar tanzen möchte
er, obzwar ihm Letzteres sehr schwer fallen dürfte –
war er doch nie ein Tänzer! Du hast mir heute so viel
mich Beglückendes ins Ohr geflüstert – du darfst es mir
nicht verdenken, wenn ich aus dem Becher der Freude,

Lust, Glückseligkeit schlürfe nach Herzenslust.
Lass uns lustig sein, Adele – on ne vit pas qu' une fois. *
Es sendet dir die herzlichsten Umarmungen in Unzahl
dein wonnetrunkener Jean

Meine heiß geliebte Adele!
Es geht ganz lustig zu in meinem Inneren, fröhliche
Melodien summen mir im Kopf, das von Freude,
Glückseligkeit übervolle Herz schlägt lustig den Takt
dazu. Soll ich da ans Schlafengehen denken? Doch ein
dir gegebenes Wort zu halten ist mir heilig – daher ich
dem übermütigen Treiben ein Ziel setzen muss und es
mir nur noch gestattet sein soll, derjenigen zu gedenken,
welche die Macht besitzt, Seele und Herz in so rosige
Stimmung zu versetzen. Hoch mein Engel Adele! Du
bist die Herrin meines Glückes, meines Lebens! Dich
umarmend dein ewig ...
dein Jean

Interessantes Detail: Adele hieß bereits Strauß, als sie
Johann kennen lernte. Und so stellte sie sich ihrem
zukünftigen Ehemann vor: Als Trägerin eines be-
rühmten Namens! Ihr verstorbener Mann hieß nämlich Anton Strauß und war Sohn eines Bankiers.

---

* ... man lebt nur einmal.

Heloise und Abelard

Über dieses tragische Liebespaar des Mittelalters wurden zahlreiche Bücher geschrieben. Das berührende Schicksal der beiden ist im Laufe der Geschichte immer wieder neu erzählt, romantisiert und vielleicht auch geschönt worden. Und auch in den verschiedenen Nachschlagewerken werden manche Fakten im Detail unterschiedlich beschrieben.

Gewiss ist, dass Petrus Abailardus, so der lateinische Name für Pierre Abelard, 1079 in Le Pallet, im Südosten von Nantes, in Frankreich als Sohn eines Ritters geboren wurde, auf sein Erbe verzichtete, studierte und bald zum umstrittensten Philosophen seiner Zeit wurde.

Heloise, die um 22 Jahre jünger war als Abelard, wuchs bei ihrem Onkel, einem Domherrn von Notre Dame, in Paris auf. Pierre Abelard wurde ihr Lehrer. Sie wird heute als eine der klügsten und gebildetsten Frauen ihrer Zeit angesehen.

Zwischen Heloise und Abelard entwickelte sich eine Liebesbeziehung, die nicht ohne Folgen blieb. Heloise wurde schwanger. Abelard entführte die als Nonne verkleidete Heloise und brachte sie zu seiner Schwester in die Bretagne. Dort wurde ihr Sohn, Astralabius, geboren, der bei der Schwester blieb und später Kanonikus in Nantes werden sollte. Abelard willigte in eine heimliche Eheschließung ein, um Heloises wütenden Onkel zu besänftigen. Und da ist es Heloise, die diese Heirat nicht will. Ihrer

Meinung nach, und vielleicht auch aus Ablehnung der Ehe schlechthin, sollte ein so begnadeter Philosoph wie Abelard sich nicht mit den alltäglichen Dingen des Lebens auseinander setzen müssen – und: *„... ich wäre viel lieber deine Geliebte als deine Gattin."* Abelard aber setzte sich durch, und die beiden wurden getraut. Heloises Onkel war darüber hoch erfreut und ließ alle Welt davon wissen.

Das Paar aber leugnete die eheliche Verbindung. Als Abelard seine Heloise auch noch in einem Kloster versteckte, wurde es ihrem Onkel dann doch zu viel. Er ließ Abelard in seinem Haus überfallen und entmannen. Offenbar im 12. Jahrhundert ein gar nicht so ungewöhnlicher Racheakt! Abelard überlebte die Verstümmelung und trat in das Kloster St. Denis ein. Heloise nahm ihrerseits den Schleier, wurde zunächst Nonne und später Äbtissin. Ihren so genannten „Fehltritt" hat sie nie bereut: *„Es ist einzig und allein die Liebe, durch die sich die Kinder Gottes von denen des Teufels unterscheiden."*

Der körperlichen Trennung der beiden verdankt die Weltliteratur einen der interessantesten und auch erschütterndsten Briefwechsel. Denn während Abelard seine „Sünde" bereute, sich den Gegebenheiten anpasste und das gemeinsame Glück der beiden als *„unreine Wollust und widerwärtige Begierde"* abtat, ließ sich Heloise ihre Gefühle nicht verbieten: *„Die Liebesfreuden, die wir zusammen genossen, waren so beseligend süß für mich, dass ich sie nicht verurteilen noch aus meinen Gedanken vertreiben kann. Wohin* ich auch gehe, sie drängen sich mir in den Sinn, die flüchtigen Erinnerungsbilder, sie schüren mein Verlangen, verfolgen mich noch im Schlaf ... Und statt voll Reue zu beweinen, was ich getan, kann ich nur seufzen um das, was ich verlor."

Heloise überlebte ihren geliebten Mann um 22 Jahre. Erst im Tode wurden die beiden wieder vereint. Ihr gemeinsames Grab finden Sie auf dem Pariser Friedhof Père Lachaise.

Diese Briefe aus dem 12. Jahrhundert sind die ältesten in meinem Kapitel über klassische Liebesbriefe:

Heloise an Pierre Abelard

Dein Bild ist in meinem Zimmer. Ich gehe nie daran vorbei, ohne anzuhalten, um es zu betrachten; wärst du bei mir, würde ich ihm keinen Blick gönnen. Wenn ein Bild, das doch nur stummer Vertreter einer Sache ist, solche Freude spenden kann, was können dann nicht Briefe auslösen? Sie haben Seelen, sie können sprechen, sie tragen alle Kraft in sich, das Herz hinüberzuziehen, sie haben alles Feuer unserer Leidenschaften.

Als Heloise diesen Brief schrieb, war Abelard bereits im Kloster und sie Ordensfrau:

Heloise an Pierre Abelard

... Aber noch nicht genug, ich traue mich kaum es zu sagen, meine Liebe schlug um in Wahnsinn; sie opferte in hoffnungslosem Verzweifeln das eine einzige Ziel

ihrer Sehnsucht. Ohne Zaudern – du, du gabst ja den Befehl – brachte ich mein altes Gewand und mein altes Herz zum Opfer, um aller Welt zu zeigen, wie ich dein Eigen sei mit Leib und Seele. Gott ist mein Zeuge, ich habe je und je in dir nur dich gesucht, dich schlechthin, nicht das Deine, nicht Hab und Gut. Ein festes Eheband, eine Morgengabe – habe ich je danach gefragt? Du bist mein Zeuge, nicht meine Lust, nicht mein Wille war je mein Ziel, nein, nur deine volle Befriedigung. In dem Namen „Gattin" hören andere vielleicht das Hehre, das Dauernde; mir war es immer der Inbegriff aller Süße, deine Geliebte zu heißen, ja – bitte zürne nicht! – deine Schlafbuhle, deine Dirne. Die tiefste Erniedrigung vor dir versprach die höchste Huld bei dir, und ich brauchte so in meiner Niedrigkeit deinen Ruhmesglanz auch nicht zu trüben. In dem Trostbrief an den Freund hast du meines Herzens wahres Wollen nicht ganz verschwiegen, um deinetwillen; es war dir da nicht zu wenig, den und jenen der Gründe zu nennen, die mich den Ehebund bekämpfen hießen, um den Liebesbund zu retten. Herr Gott, sei du mein Zeuge, wenn der Kaiser käme, der Beherrscher der ganzen Welt sich herabließe, mich zu ehelichen, wenn er mir dabei die ganze Erde verschriebe und verbriefte zum ewigen Besitz: ich möchte doch lieber deine Dirne heißen – und wäre noch stolz darauf – als seine Kaiserin. (...)

(...) Als du zu Gott Zuflucht nahmst und zu seinem Dienst, da tat ich, wie du getan, nein, ich nahm den Schleier vor dir. Als hättest du an Lots Weib, das rück-

wärts schaute, denken wollen – erst brachtest du unserem Gott in mir ein Opfer, ich musste zuerst den Schleier nehmen und das klösterliche Gelübde ablegen, ehe du dich selber Gott weihen mochtest. Ich will es dir offen sagen, es tat mir bitter weh, ich wurde über und über rot vor Scham, dass ich darin so wenig Vertrauen bei dir fand. Ich wäre doch, weiß Gott, ohne Zaudern auf dein Geheiß in die Hölle dir sogar vorausgeeilt oder doch nachgestürzt. Ich war doch nicht mehr Herr meiner selbst, in dir, nur noch in dir war es und ist es, ist es jetzt mehr als je! Ist mein Selbst nicht bei dir, so ist es nirgends, und ohne dich hat es kein Sein und Wesen. Lass mein Herz doch bei dir sein, bitte, bitte, und bei dir behütet sein! Es fühlt sich schon behütet, wenn du ihm ein freundliches Gesicht machst, wenn du Liebe mit Liebe vergelten magst, mein Großes mit deinem Geringen, mit deinem schönen Wort mein opfervolles Tun. (...)

Victor Hugo und Juliette Drouet

Juliette Drouet wurde am 10. April 1806 in Fougé-res, Frankreich geboren und wuchs als Waisenkind bei ihrem Onkel auf. Sie genoss eine sehr gute Erziehung und konnte bereits mit fünf Jahren lesen und schreiben. Sie war Modell für Maler, Geliebte reicher Mäzene und wurde mit 19 Jahren Mutter. Sie war eine viel versprechende Schauspielerin, als sie Victor Hugo begegnete. Das sollte ihr Leben verändern. Sie blieb ihm fünfzig Jahre lang treu. Auch sie war seine große Liebe, obwohl er sich von seiner Frau Adele nie scheiden ließ.

In den letzten sechs Wochen ihres Lebens wich Victor Hugo nicht von ihrer Seite. Juliette Drouet starb mit 77 Jahren in den Armen ihres geliebten Hugo an Krebs.

Victor (Marie) Hugo wurde am 26. Februar 1802 in Besançon, Frankreich geboren. Ihm verdankt die Welt zum Beispiel den „Glöckner von Notre Dame" oder „Les Miserables". Etwa ein Viertel seines Werkes ist politischer Natur. Sein Vater, ein General, war ständig unterwegs. Von seiner Mutter wurde er zum Royalisten erzogen, erkannte aber bald die Vorteile der Demokratie. 1848 wurde er zum Abgeordneten der Deuxieme Republique gewählt. Nachdem er den Staatstreich von 1851 scharf verurteilte, musste er fliehen.

Während der Herrschaft Napoleons III. lebte er in

Brüssel und auf den Kanalinseln. Erst als die Republik ausgerufen wurde, kehrte er nach Paris zurück. Sieben Jahre nach einem Schlaganfall starb Hugo am 22. Mai 1885 in Paris.
Juliette Drouet und Victor Hugo: ein ungewöhnliches Paar!

Nachdem sie seine Geliebte geworden war, schrieb sie an ihn:

Wenn du wüsstest, wie ich mich nach dir sehne, wie die Erinnerung an vorige Nacht mich in einen Freudentaumel stürzt und mit Wünschen erfüllt. Wie gern möchte ich mich in Ekstase deinem süßen Atem und deinen Küssen hingeben, die mir so viel Glück schenken!

Und drei Jahre danach:

Ich liebe dich wie die Löwin ihren Gefährten liebt. Ich liebe dich wie eine leidenschaftliche Frau, die bereit ist, bei der geringsten Geste ihr Leben aufs Spiel zu setzen. Ich liebe dich mit der Seele und dem Verstand, die Gott seinen Geschöpfen verliehen hat, um außergewöhnliche Menschen wie dich bewundern zu lassen. Darum, mein herrlicher Victor, kann ich im selben Moment rasen, weinen, kriechen und aufrecht stehen. Ich beuge mein Haupt und bete dich an!

Elizabeth Barrett und Robert Browning

Die Liebesbriefe der beiden gehören für mich zu den schönsten der Weltliteratur. Darum widme ich diesem Liebespaar der Romantik einen besonderen Platz unter den Klassikern:

Elizabeth Barrett wurde am 6. März 1806 in Durham, England geboren. Sie war das erste von elf Kindern einer wohlhabenden Familie. Sie genoss eine hervorragende Privaterziehung, lernte mehrere Sprachen und begann mit 13 Jahren ihre ersten Gedichte zu schreiben. Heute zählt sie zu den berühmtesten englischen Dichterinnen ihrer Zeit.

Bei einem Unfall mit 15 Jahren verletzte sie sich an der Wirbelsäule so schwer, dass sie fortan das Haus hüten musste. Ein Lungenleiden verschärfte die Situation. Als Medizin gegen ihre Schmerzen wurde ihr Opium verschrieben, von dem sie angeblich nie mehr loskam. Als ihr Lieblingsbruder Edward ertrank, zog sie sich mehr und mehr in sich selbst und die Welt der Dichtung zurück.

Sechs Jahre nach dem tragischen Tod ihres Bruders – Elizabeth war mittlerweile 38 Jahre alt – erhielt sie einen Brief von Robert Browning, der von ihren Gedichten begeistert war. Browning – selbst Dichter, wenn auch nicht sehr erfolgreich – wurde in einem Vorort von London geboren und war um sechs Jahre jünger als Elizabeth. Er hatte viel Zeit in der umfangreichen Bibliothek seines Vaters verbracht und war unter den ersten Studenten der neuen Universität von London. Durch seine Freundschaft mit einem Schauspieler entdeckte er seine wahre Begabung: den dramatischen Monolog. Ein enger Freund der Familie Barrett machte die beiden miteinander bekannt, und so begann eine wunderbare Liebesgeschichte:

Robert Browning an Elizabeth Barrett
Januar 1845

Ich liebe Ihre Verse von ganzem Herzen, liebe Miss Barrett, und dies ist nicht etwa ein flüchtig hingeschriebener, mit Komplimenten angefüllter Brief, den ich hier schreibe, was er auch immer sein möge, nicht eine rasche und selbstverständliche Anerkennung Ihres Genies und damit ein anmutiges und naturgemäßes Ende meines Annäherungsversuches.

Seit dem Tage der vergangenen Woche, an dem ich Ihre Gedichte zum ersten Mal las – ich lache laut, wenn ich daran denke, wie ich hin und her überlegte, was ich Ihnen über die Wirkung auf mich sagen könnte, denn in dem ersten Rausch des Entzückens wollte ich diesmal von meiner Gewohnheit rein passiven Genießens, wenn ich wirklich genießen soll, abweichen und meine Bewunderung nach allen Seiten hin rechtfertigen – vielleicht sogar, wie ein biederer Zunftgenosse dies tun soll, den Versuch wagen, Fehler zu entdecken und ihnen damit einen ganz kleinen Dienst zu leisten, um mich hinterher brüsten zu können! – aber nichts von all dem trat ein – so hat mich Ihre große lebende Poesie durchdrungen und ist ein Teil von mir selbst geworden – Ihre

Poesie, von der ein jedes Blümchen Wurzeln in meiner Seele schlug und fröhlich aufspross ...

Wissen Sie, dass ich einmal nahe daran war, Sie kennen zu lernen – wirklich kennen zu lernen? Mr. Kenyon sagte eines Vormittags zu mir: „Würde es Ihnen Vergnügen machen, Miss Barrett vorgestellt zu werden?" Dann ging er hin, um mich anzumelden, und kam dann zurück – Sie waren zu krank. Jetzt sind Jahre darüber verflossen, und mir ist es, als sei mir auf meinen Reisen etwas quer gegangen, als hätte ich mich in der Nähe irgendeines Weltwunders in einer Kapelle oder Krypta befunden – es war nur ein Vorhang zur Seite zu schieben gewesen und ich hätte eintreten können, aber da war ein kleines, so erscheint es mir jetzt, aber genügendes Hindernis, das mir den Eintritt verwehrte, die halb geöffnete Tür schloss sich, ich kehrte meine Tausende von Meilen nach Hause zurück – sollte mir der Genuss des Anblicks nie zuteil werden?

Nun, der Genuss dieser Gedichte ist mir zuteil geworden ... und ich fühle mich für immer als Ihr ergebenster Robert Browning

Elizabeth Barrett an Robert Browning
Januar 1845

Ich danke Ihnen, verehrtester Mr. Browning, aus tiefstem Herzen. Sie glaubten mir mit Ihrem Briefe eine Freude zu bereiten, und selbst wenn dieser Zweck nicht erreicht worden wäre, müsste ich Ihnen danken. Solch ein Brief von solch einer Hand! Sympathie ist wertvoll

– sehr wertvoll für mich: aber die Sympathie eines Dichters, und noch dazu eines solchen Dichters, ist das höchste von Sympathie, was es für mich gibt! Wollen Sie als Gegengabe dafür meine Dankbarkeit entgegennehmen und mir zugeben, dass von allem Handel, der in der Welt getrieben wird, von Tyros bis hin nach Karthago, der Austausch von Sympathie gegen Dankbarkeit der fürstlichste ist?

Im Übrigen ist Ihre Güte wahrhaft bezaubernd. Es ist schwer, Leute loszuwerden, denen man einmal zu viel Freude gemacht hat – das ist eine Tatsache, und wir wollen uns nicht bei ihrer Nutzanwendung aufhalten …

Ist es wirklich wahr, dass mir das Vergnügen und die Ehre, Ihre Bekanntschaft zu machen, so nahe bevorstand?

Und ist es möglich, dass Sie mit einigem Bedauern auf diese verlorene Gelegenheit zurückblicken?

Aber Sie wissen, wenn Sie diese Krypta betreten hätten, hätten Sie mich erkälten oder zu Tode langweilen und „tausende Meilen weg" wünschen können, und dies wäre noch schlimmer gewesen, als diese Entfernung auf der Reise zurückzulegen. Es liegt jedoch nicht in meinem Interesse, sie auf solche Gedanken zu bringen, als ob uns alles zum Besten dienen müsse, und ich will lieber hoffen, wie ich es dann auch tue, dass, was ich bei der einen Gelegenheit verloren habe, mir in Zukunft bei einer anderen zuteil wird. Der Winter schließt mich ein, als wäre ich ein Murmeltier; im Frühling wollen wir sehen, was sich tun lässt.

Und in der Zwischenzeit habe ich Ihre Stimme kennen gelernt, und zwar nicht nur aus Ihren Gedichten, sondern aus der Herzensgüte, die sich in Ihnen ausspricht ...

Ich schreibe zu viel; trotzdem will ich noch einen Punkt berühren: Ich will sagen, dass ich Ihre Schuldnerin bin, nicht allein wegen Ihres herzlichen Briefes und all der Freude, die er für mich im Gefolge hatte, sondern auch in Bezug auf andere Dinge, und zwar solche, die für mich die höchsten sind: Ich will sagen, dass, solange ich mich der göttlichen Kunst der Poesie widme, im Verhältnis meiner Liebe zu ihr und meiner Hingabe an sie, ich stets Ihre andächtige Bewunderin und lernbegierige Schülerin sein muss. Mein Herz drängt mich, Ihnen dies zu sagen, und so sage ich es.

Und im Übrigen bin ich stolz darauf, zu bleiben Ihre zu Dank verpflichtete und ergebene

Elizabeth Barrett

Robert Browning an Elizabeth Barrett

Mittwoch früh – Frühling! Februar 1845

Wirklicher, warmer Frühling, liebe Miss Barrett, und die Vögel wissen es, und im Frühling werde ich Sie sehen, ganz gewiss werde ich Sie sehen – denn wann habe ich einmal nicht erlangt, worauf ich sehnlichst all meine Gedanken gerichtet habe? So frage ich mich mitunter – mit einer seltsamen Angst im Herzen.

Ich griff zu diesem Bogen, um Ihnen recht viel zu schreiben – nun glaube ich nicht, dass ich viel schreiben werde – „Ich werde Sie sehen", sage ich!

Freitagabend

*Liebe Miss Barrett, ich danke Ihnen für die Erlaubnis,
die Sie mir geben. Ich will Donnerstag um zwei Uhr
vorsprechen – nicht früher, damit Sie Zeit haben, mir
zu schreiben, wenn Sie irgendeinen Behinderungs-
grund haben sollten. ... mein Kommen darf Ihnen
nicht den geringsten Zwang auferlegen, sondern sollten
Sie z. B. unwohl sein, so schicken Sie mir nur ein Wort
herunter oder lassen Sie es mir sagen, und ich komme
wieder und wieder – meine Zeit spielt gar keine Rolle
dabei, und ich habe in der Nachbarschaft Bekannte, so
zahlreich wie der Sand am Meere ...*

Stets der Ihre
Robert Browning

Elizabeth Barrett an Robert Browning

August 1845

*Es ist sehr freundlich von Ihnen, mir diese Blumen zu
schicken – allzu freundlich – warum haben Sie sie geschickt? und ohne ein einziges Wort? – was sicher nicht
allzu freundlich ist.*

*Ich habe in das Herz der Rosen hineingeblickt und die
Nelken mit Gefahr für ihre Blätter um und um gewen-
det und alles vergebens! Nicht ein Wort verdiene ich
heut, so scheint es. Und wenn ich das nicht verdiene,
verdiene ich auch die Blumen nicht ...*

*Dennoch danke ich Ihnen für diese Blumen; sie sind in
der Tat sehr schön und kommen gerade zur rechten Zeit
– das gestehe ich Ihnen voller Demut zu und danke
Ihnen schließlich noch wärmer, als ich es nötig hätte.*

*Nun schreibe ich nichts mehr, da Sie mir auch nichts
geschrieben haben.*

*Was die Blumen von Mittwoch und die heutigen be-
trifft, so können Sie sich denken, wie verächtlich ich in
diesem Zimmer auf die Gärten von Damaskus herab-
sehe, und die Blumen von Mittwoch sind heute noch so
frisch und schön, wie ich erklären muss, wie die neuen.
Sie waren ganz überflüssig – die neuen, meine ich –, in
dem Sinne, als sie Blumen sind. Nun, der Sinn meines
Geschreibsels erscheint fraglich, nicht wahr – wenigstens
fraglicher als der Unsinn, der in ihm liegt. Nicht ein
Wort, nicht einmal unter den kleinen blauen Blumen!!!*

Wochen danach:

*Ich habe nie daran gedacht, dass Sie mir zürnen könn-
ten – nie ist etwas Derartiges über meine Lippen gekommen. Aber Sie konnten sich schon mit gutem Recht
verletzt fühlen, wenn Sie mich im Verdacht hatten, ich
tadelte Sie wegen Ihres Verhaltens gegen mich. Dies war
es auch, was ich fürchtete – oder vielmehr hoffte –, da
ich am ehesten vermutete, Sie seien krank.*

*Und dennoch glaubten Sie – glauben Sie, dass ich Sie
auf irgendeine Weise oder auf irgendeinen Augenblick
getadelt, Ihnen nicht geglaubt, Ihnen misstraut hätte –
wozu sonst dieser Brief? Was habe ich verschuldet, dass
Sie mir einen solchen Brief schreiben?*

*Und wollen Sie mir glauben, dass, wenn Sie ihn um
der Vergangenheit halber geschickt haben, er überflüssig und hinsichtlich der Zukunft unerheblich ist? ...*

*Können Sie mir verwehren, bei offenen Türen zu
sitzen, wenn ich es für richtig halte? Ich versichere Sie,
während ich Ihnen, wie Sie sehen müssen, in Wort und
Tat traue, und während ich Ihnen beteuere, dass
nie ein menschliches Wesen in den Augen eines anderen
höher und reiner dagestanden hat als Sie in den meini-
gen – Sie werden in meinen Augen stets hoch dastehen
und unverändert mein Freund bleiben, wenn die
Wahrscheinlichkeit zur Wirklichkeit würde wie in
diesem Augenblick ...
Sie schrieben mir einst, oh, lange vor dem Mai und dem
Tage, an dem wir uns persönlich kennen lernten, Sie
„seien so glücklich gewesen, dass Sie jetzt jeden Schritt
vor sich selber rechtfertigen könnten, selbst wenn Ihr
ganzes Lebensglück dabei auf dem Spiele stände" – aber
wenn Sie auch alles vor sich selber rechtfertigen könnten, könnte ich es auch vor mir rechtfertigen, wenn ich
einen solchen Schritt begünstigte, einen Schritt, bei
dem Sie in gewissem Sinne Ihre besten Gefühle ver-
schwendeten, Ihre Wasserkrüge in den Sand entleerten?
Wie ich damals dachte, so denke ich jetzt noch ...
Ich glaubte anfangs auch, das Gefühl, das Sie beseelte,
sei nichts als eine großmütige Aufwallung, die sich vielleicht schon in einer Woche legen würde ...
Auf keinen Fall aber werde ich meinen Anteil an den
Ereignissen dieses Sommers bereuen, und Ihre Freundschaft wird mir stets teuer sein. Sie wissen, ich habe
Ihnen das schon vor nicht allzu langer Zeit erklärt.
... Ihr Leben! Wenn Sie es mir weihten und ich Ihnen
mein ganzes Herz schenkte, was könnte ich Ihnen*

zubringen als Angst und tiefere Traurigkeit, als Ihnen je an der Wiege gesungen worden ist? ... Daher dürfen Sie auf diesen Punkt nicht mehr zurückkommen, und ich muss mich auf Sie verlassen können, dass Sie nie mehr ein Wort darüber sprechen werden ...

... auch Sie können fest darauf bauen, dass ich den vollen Wert Ihrer Freundschaft bis zu meinem Lebensende dankbarst anerkennen und dabei so empfinden werde wie die, die das Leiden gekannt haben (denn wo solche Gruben ausgeschachtet sind, verrinnt das Wasser nicht). Gott nehme Sie in seinen Schutz, mein teuerster Freund! Ich werde diesen Brief absenden, nachdem Sie bei mir gewesen sind, und hoffe, Sie haben nicht erwartet, früher von mir zu hören.
Immer die Ihre
Elizabeth Barrett

Robert Browning an Elizabeth Barrett
September 1845
Denken Sie für mich, sprechen Sie für mich, teuerstes Mädchen, mein Eigentum! Sie, die Sie ganz Großherzigkeit und Edelmut sind, wollen Sie nicht doch das Eine tun, was noch edelmütiger wäre?
Gott behüte Sie für
Robert Browning

... oh, fürchten Sie sich nicht, ich fühle mich „gefesselt" – meine Krone sitzt lose auf meinem Haupt – ist nicht dort befestigt – meine Perle liegt in meiner Hand – ich kann sie ins Meer zurückwerfen, wenn ich will! ...

Dezember 1845

So glücklich war ich bisher, so glücklich. Aber nun bin ich glücklicher und reicher. Mein Lieb, keine Worte vermögen es auszudrücken, aber das Leben liegt vor uns, und bis zu seinem Ende wird die jetzt angeschlagene Saite forttönen – ich will leben und sterben mit deinem wunderherrlichen Ring, deinem geliebten Haar – beides mir zur Erquickung, zum Segen.

Lass mich morgen schreiben – wenn ich an alles denke, was du mir gewesen bist und noch bist, an alles Wunderbare und Köstliche, was darin liegt, so erscheinen mir die Worte, die ich auf das Papier werfe, leerer als – Morgen will ich schreiben.

Gott behüte dich, meine Eigentum, mein Kleinod.
Ich bin ganz der Deinige
Robert Browning

Elizabeth Barrett an Robert Browning

Und nun höre du mir einmal zu. Du hast mich tiefer berührt, als ich glaubte, dass sogar du mich berühren könntest – mein Herz war voll davon, als du heute kamst. Fortan gehöre ich ganz dir.

Elizabeth Barrett an Robert Browning

Februar 1846

Du mein einzig Geliebter, erst als du fortgingst, als du ganz fort warst, aus dem Haus und aus der Straße, erst dann kam ich dazu, mich deiner Blumen so recht von Herzen und mit innigster Dankbarkeit gegen dich zu erfreuen ...

Wie ich dir schon gesagt habe, bist du mir alles, alles Licht und alles Leben, ich lebe jetzt nur für dich. Bevor ich dich kennen lernte, was und wo war ich da? Was war mir die Welt, und was bedeutete das Leben für mich? ...

Meine Herzensmeinung geht dahin, dass du mir mehr bist, als ich dir je werde sein können ...

Ich habe vor Kurzem daran denken müssen, dass ich dich sicher mein ganzes Leben lang unbewusst geliebt habe, das heißt, die Idee von dir ...

... ich kann dir vor Gott beteuern, dass kein einziges Ereignis meines Lebens, einschließlich meiner körperlichen Leiden, mich so tief gedemütigt hat wie deine Liebe. Ob es recht oder unrecht ist, es ist wahr, und ich sage es dir. Deine Liebe ist mir gewesen wie Gottes eigene Liebe, die man nur kniend entgegennehmen darf.

Warum ich dies alles geschrieben habe, weiß ich nicht — aber du hast meine Gedanken gestern in diese Richtung rückwärts gelenkt, die ich sehr gern einschlage, und da du mich sofort zum Schreiben veranlasstest, so habe ich auch einmal meinen Gedanken freien Lauf gelassen.

Robert Browning an Elizabeth Barrett

... würde ich, falls ich könnte, eins von all den Gefühlen verpflanzen, die in dir, wie ich weiß, Wurzeln geschlagen haben, jenes große und einzigartige beispielsweise. Ich fühle, wenn ich neu erschaffen werden könnte, etwa in Gold verwandelt, würde ich sogar dann nichts anderes wünschen als die bloße Fassung für den Diamanten abzugeben, den du immer tragen sollst.

Die Beachtung und Wertschätzung, die du mir in
diesem Brief schenkst, den ich an mein Herz drücke ...
ist überwältigend.

Robert Browning an Elizabeth Barrett
3. Mai 1846
*Meine Ba, ich kann nur vor dir niederknien und mich
küssen lassen – ich kann nichts weiter tun, weder sprechen noch dir danken, und wie es scheint, habe ich
keine Möglichkeit, neue Liebe zu finden, um sie dir zu
geben – alles ist schon fortgegeben – so habe ich früher
gesagt und muss es jetzt wiederholen – mein ganzes Ich
gehört dir zu Eigen.*
*Immer bei dir im Geiste, möchte ich auch dem Körper
nach immer bei dir sein – immer, wenn ich bei dir bin,
bitte ich um das Eine als um das seligste Glück, für
immer bei dir weilen zu dürfen.*
*Möge es so geschehen, bittet dein dir ganz zu Eigen
gehörender*
Robert

Elizabeth Barrett an Robert Browning
September 1846
*... Morgen um diese Zeit werde ich dich allein noch
haben, mich zu lieben – mein Geliebter.*
*Dich allein. Als man sagt, Gott allein! Und wir werden
auch Ihn noch haben, darum bete ich ...*
*Deine Briefe an mich nehme ich mit. Ich versuchte es,
sie zurückzulassen, ich konnte nicht. Das heißt, sie
wollten nicht zurückbleiben: Es war nicht meine*

Schuld – ich will nicht gescholten werden. Ist dies mein letzter Brief an dich, ewig Geliebtester? – Oh, wenn ich dich weniger liebte ... ein bisschen, bisschen weniger. Dann würde ich dir sagen, unsere Heirat sei ungültig, oder sollte es sein, und du solltest mich morgen keinesfalls holen. Es ist furchtbar – furchtbar – zum ersten Mal in meinem Leben aus freiem Antrieb Schmerz bereiten zu müssen – zum ersten Mal in meinem Leben. Deine Ba

Die beiden haben heimlich in London geheiratet und sind danach nach Italien geflüchtet, wo sie 15 Jahre lang in Florenz ihr Zuhause hatten. Elizabeths Vater enterbte sie und hat ihr diese heimliche Heirat nie verziehen.

Elizabeth erholte sich in dem warmen Klima zusehends. Nach einigen Fehlgeburten wurde endlich, drei Jahre nach ihrer Heirat, Brownings erstes und einziges Kind geboren: Robert Wiedeman Barrett Browning, genannt Pen. So wie Elizabeths Mutter bestand auch Elizabeth darauf, ihren Sohn in Kleider zu stecken und seine Haare lang und lockig zu lassen, wie es zur Zeit Königin Victorias der Brauch gewesen ist. Ein Umstand, der zu den wenigen Dissonanzen zwischen den Eheleuten führte.

Elizabeth starb 1861 mit 55 Jahren in Florenz. Robert Browning verließ daraufhin die Stadt, in der er so glücklich gewesen war, und kehrte mit seinem zwölfjährigen Sohn nach England zurück, nicht ohne ihm vorher die Haare zu schneiden und ihn in

Knabenkleider zu stecken. Robert Browning überlebte Elizabeth um 28 Jahre und war in diesem Zeit-
raum schriftstellerisch höchst aktiv.

Elizabeths schönste Liebeserklärung an ihren Mann
Robert findet sich in „Sonnets from the Portugese"
und gehört zu ihren berühmtesten Dichtungen.
„Meine kleine Portugiesin", so nannte Robert sie
zeitlebens liebevoll wegen ihrer prachtvollen schwarzen Haare und ihres dunklen Teints.

Sohn Pen wurde Maler, heiratete und lebte unter
anderem auch in Venedig im Palazzo Rezzonico, wo
er im Alter von 63 Jahren starb.

Virginia Woolf und Vita Sackville-West

Zwei interessante Schriftstellerinnen des vergangenen Jahrhunderts, die einander auch auf erotischer Ebene zugetan waren.

Virginia Woolfs Biografie würde mehr als einen Kinofilm füllen. Ihr Leben war ein Auf und Ab der Gefühle, Stimmungen und Ereignisse. Als Kind sexuell missbraucht, hatte sie ihr Leben lang eine gestörte Beziehung zu ihrem eigenen Körper, war manisch-depressiv und von wiederholten Nervenzusammenbrüchen gezeichnet.

Sie ist eine der bedeutendsten englischen Schriftstellerinnen der Moderne. Ihr Meisterwerk „Orlando" ist eine Liebeserklärung an ihre Freundin Vita Sackville-West. Ist doch Orlando einmal Mann und einmal Frau. Virginia Woolfs psychische Probleme wurden mit zunehmendem Alter immer größer. Mit 59 Jahren machte sie ihrem Leben 1941 ein Ende.

Vita Sackville-West war ebenso wie ihre Freundin Virginia eine außergewöhnliche Person, aber anders als diese adeliger Herkunft, was Virginia sehr beeindruckte.

Vita, wie sie genannt wurde, polarisierte die Menschen: Man mochte sie sehr oder gar nicht.

Erstmals tauchte ihr Name in der Öffentlichkeit auf, als sie eine Gartenkolumne für den „Observer" schrieb. Von ihr sagt man, sie hätte die englische Gartenkultur wesentlich beeinflusst. Bereits mit elf

Jahren schrieb sie – unter Ausschluss der Öffentlichkeit – ihre erste Ballade. Sissinghurst Castle ist ein
gutes Beispiel für ihre hervorragende Gartenkunst
und heute öffentlich zu besichtigen.

Zu ihren wesentlichen literarischen Werken gehören: „Porträt einer Ehe" und „Chatterton", ein
Drama in drei Akten. Vita hatte mehrere Affären mit
Frauen, war auch verheiratet – zwei Söhne – und
extrem exzentrisch.

Man sah sie meist mit Zigarre und in ihrer typischen
Reituniform mit Gamaschen. Sie starb 1962 mit 70
Jahren an Krebs. Ihr Mann Harold, der ebenso wie
sie seine sexuellen Neigungen auslebte, starb an ge-
brochenem Herzen sechs Jahre nach ihr.

Virginia Woolf an Vita Sackville-West
Ja, du bist ein flinkes Tier – zweifelsohne, was aller-
dings deine Luftsprünge zur Ergötzung betrifft, immer,
in der Ebury Street zum Beispiel um 4 Uhr früh, da
bin ich nicht so sicher. Böses, gottloses Biest! Mit Aus-
tern Sport treiben zu wollen – lethargischen, süßen,
lippenförmigen Austern, unzüchtigen, lasziven Aus-
tern, sesshaften, kalten Austern, das zu wollen, sag ich.
Deine Auster war am Telefon aufgelöst in Tränen und
flehte Clive an, zurück zu ihr zu kommen – das ist die
ganze Treue, die in Austern ist. Doch wozu bin ich
zurückgekommen? (…) Böses, gottloses Biest!
Gleichzeitig gab es da die Muscheln, die Krabbe: das
Bett; das Holzfeuer: Alles soll dir als Verdienst ange-
rechnet werden. Ich bin eine faire Frau. Sei du nur ein

vorsichtiger Delphin mit deinen Luftsprüngen, sonst findest du Virginias weiche Spalten voller Widerhaken. Du wirst zugeben, dass ich rätselhaft bin – du erfasst mich jetzt nicht –

Süße, könntest du daran denken, meinen Regenmantel (rosarot) und meine Handschuhe (scharlachrot) mitzubringen. Ich warf sie wohl in der Halle weg. Ich halte den Dienstag, der wunderbarerweise frei ist, zu jedem Zweck fest, den du magst.

Goethe und Christiane Vulpius

Goethe zu erklären wäre ziemlich überflüssig, denn ich meine doch, dass in unseren Breiten kaum ein gebildeter Mensch existiert, der Goethe nicht kennt oder nicht zumindest von einem seiner Werke gehört hat. Darum lass ich es.

Soviel sei gesagt, dass Goethe viele Frauen liebte und eine besondere Vorliebe für das weibliche Geschlecht hatte. Einzig und allein die wesentlich jüngere Christiane Vulpius hat er nach achtzehn Jahren „wilder Ehe" 1806 geheiratet. Und das genau an einem Tag, an dem der Kanonendonner der Franzosen Weimar erschütterte. Die Ehe dauerte zehn Jahre und endete mit Christianes Tod, der Goethe in grenzenlose Verzweiflung trieb.

Das „kleine Naturwesen", wie er seine hübsche und einfache Frau nannte, strahlte Herzenswärme und Lust am Leben aus und verstand es meisterhaft, auch die kulinarischen Gelüste ihres Herrn Geheimrat zu erfüllen.

Zwei der folgenden Briefausschnitte beweisen einmal mehr, dass Liebe – nicht nur, aber auch – durch den Magen geht und dass Goethe ein Gourmet war.

Goethe aus Jena an Christiane

Unsere Geschäfte gehen hier sehr gut, nur bringt mich leider das Essen beinahe zur Verzweiflung. Ich übertreibe nicht, wenn ich sage, dass ich vier, fünf Tage bloß von Cervelatwurst, Brot und rotem Wein gelebt. Auch sehe ich unter den hiesigen Umständen gar keine Rettung und wäre, weil es mir zuletzt doch schädlich werden muss, schon wieder hinübergefahren, wenn es unser Geschäft nur einigermaßen zuließe. Ich bitte dich also aufs Allerinständigste, mir mit jedem Boten-Tage etwas Gutes, Gebratenes, einen Schöpsenbraten, einen Kapaun, ja einen Truthahn zu schicken, es mag kosten, was es will, damit wir nur zum Frühstück, zum Abendessen, und wenn es zu Mittag gar zu schlecht ist, irgendetwas haben, was sich nicht vom Schwein her-schreibt. Ich mag dir nicht sagen, wie verdrießlich und ärgerlich ich die Zeit hier gewesen bin, wenn ich mit einem übertriebenen und ganz unschicklichen Auf-wand entweder hungern oder etwas genießen musste, was mir offenbar schädlich war.

Christiane an ihren Noch-nicht-Ehemann Goethe

Habe mich nur lieb und denke an mich, ich habe dich ja jeden Augenblick im Sinn und denke nur immer, wie ich im Haushalt alles in Ordnung bringen will, um dir mit etwas Freude zu machen, weil du mich so glücklich machst. Diesen Monat geht auch das Einma-chen an, überhaupt gibt es immer zu tun, wenn man eine Wirtschaft in Ordnung halten will, und wenn nur alles in seiner Ordnung geht, das macht mir Freude.

Goethe, schon Vater, aus Jena an seine Noch-nicht-Ehefrau Christiane

Mein einziger Wunsch ist, dich und den Kleinen wiederzusehen, man weiß gar nicht, was man hat,

wenn man zusammen ist. Ich vermisse dich sehr und liebe dich von Herzen (August 1792).
Behalte mich ja lieb! Denn ich bin manchmal in Gedanken eifersüchtig und stelle mir vor, dass dir ein anderer besser gefallen könnte, weil ich viele Männer hübscher und angenehmer finde als mich selbst. Das musst du aber nicht sehen, sondern du musst mich für den besten halten, weil ich dich ganz entsetzlich lieb habe und mir außer dir nichts gefällt (September 1792).

Christiane gebar noch vier weitere Kinder, die jedoch alle starben.

Ausnahmsweise ist auch einmal Christiane Goethe verreist und schreibt an ihren Mann:
Es ist sehr gut, dass du mich nicht in Weimar gelassen, ich sehe hier immer viel Neues, aber ich wünsche mir nur immer, dass ich das alles mit dir sehen könnte, und wir könnten so ein paar Schlampamps-Stündchen halten, da wär ich recht glücklich.

Und kurz darauf:
Wenn du nur wiederkömmest, wenn noch schöne Tage sind, dass wir noch mannichmal im Garten am Hause schlampampsen können, da freue ich mich darauf.

Wie viele Menschen auf der ganzen Welt und durch die Jahrhunderte, so hatten auch Goethe und seine Frau ihre ganz spezielle Sprache der Liebe, was hiermit kurz bewiesen ist.

Henry Miller und Anaïs Nin

Anaïs Nin wurde am 21. Februar 1903 in Neuilly-sur-Seine bei Paris geboren.

Ihr Vater verließ die Familie. Anaïs schrieb in ihrem ersten Tagebuch, dem noch unzählige folgen sollten, die sie alle berühmt machten: *„Der erste Mensch, dem ich völlig ergeben war, mein Vater, verriet mich. Uneingeschränktes Geben ist verhängnisvoll. Ich zerbrach, zerbrach, zerbrach, und es blieb eine Million unbedeutender Beziehungen übrig."*

Mit 20 Jahren heiratete sie einen reichen Bankier, der ihr ein sorgloses Leben sicherte. Mit 29 Jahren lernt sie Henry Miller kennen, und es beginnt eine leidenschaftliche Affäre, die viele Jahre dauern sollte. Auch nach dem Ende der Liebesaffäre unterstützt sie finanziell den amerikanischen Schriftsteller und er seinerseits bescheinigt ihr großes literarisches Talent, eine Meinung, die viele Zeitgenossen nicht teilen.

Ihre höchst umfangreichen Tagebücher werden erst 1966 veröffentlicht. Ihr Ruhm ist damit besiegelt.

Nach ihrer Scheidung und ihrer Trennung von Henry Miller heiratet sie einen 17 Jahre jüngeren Mann und lebt bis zu ihrem Tod mit 74 Jahren in Los Angeles.

Henry Miller wurde am 26. Dezember 1891 in Brooklyn, New York geboren. Er schlug sich mit zahlreichen Jobs durchs Leben, um dann mit dem Schreiben zu beginnen. June, seine erste Frau, ermutigte ihn, nach Europa zu gehen, wo er, nahe am Verhungern, seinen ersten Roman schrieb: Wendekreis des Krebses. Das sollte der Grundstein zu seinem literarischen Ruhm werden. Sein ebenfalls umstrittenes Werk „Sexus" machte ihn für lange Zeit zum „bad boy" der amerikanischen Literatur. Henry Miller war fünf Mal verheiratet und starb am 6. August neunundachtzigjährig in Los Angeles.

Der besonders erotische Briefwechsel zwischen dem amerikanischen Schriftsteller und der liebeshungrigen Anaïs wurde erst relativ spät veröffentlicht und gibt Einblick in die leidenschaftliche Affäre der beiden.

Anaïs Nin an Henry Miller
Wenn du nachdenklich und ergreifend bist, verliere ich den Verstand. Für eine Nacht mit dir würde ich mein Leben fortwerfen, hunderte Menschen opfern, ich würde Louveciennes* niederbrennen, wäre zu allem fähig. Das sage ich nicht, um dich zu beunruhigen, Henry, nur, weil ich mich nicht zurückhalten kann, es mal zu sagen, weil ich überfließe in verzweifelter Liebe zu dir, den ich mehr liebe als sonst jemand zuvor.

Anaïs Nin an Henry Miller
Hör zu, ich habe meine Fähigkeit zum Glücklichsein wiedergefunden. Das Wissen um die Gefahr, die mei-

---

* Vorort von Paris, noble Wohngegend in der Nähe von Versailles

nem Glück drohte, quälte mich anfangs. Ich kümmere mich nicht um das Morgen oder irgendeine Zukunft, nur um das Heute und genieße intensiv, was wir heute haben, Henry. Henry, wir werden alles auskosten, was wir einander geben können, bevor June kommt, schnell, heftig – wir werden so oft wie möglich beisammen liegen. Alles ist zerbrechlich, aber für jeden Tag, der mir alles gewährt, bin ich dankbar, dankbar! Ich weiß nicht, warum ich so oft an den Dienstag denke. Vielleicht ist es falsch, dass ich so austernhaft sein möchte und so hartnäckig an meinen Schalen festhalte.

Wenn du mich bittest, komme ich Dienstag nach Clichy.

Anaïs Nin an Henry Miller

Henry, dein Brief heute morgen erregte mich so. Als man ihn mir gab, überwältigten mich all die künstlich aufgestauten Gefühle. Allein schon die Berührung des Briefes war, als hättest du mich in deine Arme genommen. Du weißt jetzt, was ich beim Lesen empfand. Du hast alles geschrieben, was mich rühren und für dich gewinnen konnte, und ich war feucht und bin so ungeduldig, dass ich alles tue, um einen Tag zu gewinnen. Ich gehöre dir! Wir werden eine Woche verleben, wie wir sie uns nie erträumt haben. Der Thermometer wird platzen.

Ich möchte wieder das heftige Pumpen in mir spüren, das rasende, glühende Blut, den langsamen, liebkosenden Rhythmus und das plötzliche heftige Stoßen, die Raserei in den Pausen, in denen ich Regentropfengeräusche höre ... wie es in meinen Mund schießt, Henry. Henry, ich kann es nicht ertragen, dir zu schreiben, mich verlangt verzweifelt nach dir, ich möchte die Beine weit öffnen, ich schmelze und ich zucke. Ich möchte mit dir so wilde Dinge tun, dass ich nicht weiß, was ich sagen soll.

Anaïs Nin an Henry Miller

Ich wusste immer, dass du mich nur wegen dem liebst, was ich dir geben kann, und war bereit, dies zu akzeptieren, weil du ein Künstler bist. Ich fand alle nur denkbaren Entschuldigungen für dich. ...

Seit du mich am Montag verlassen hast, ist mir klar geworden, dass dich das, was passierte, keinen Deut schert. Du nahmst dir vor, es zu vergessen. Du schriebst mir: Ich fühle mich sehr sorglos.

Das alles störte mich nicht. Du hattest meinen Wunsch akzeptiert, dir Freiheit zu geben, Freisein von allem. Du wusstest, dass ich das ernst meinte. Doch als ich dich von jeder Besorgnis befreite, kehrtest du sofort zu deinem selbstversunkenen Leben zurück. Das wusste ich. Ich sagte mir: Ich werde Henry nicht mehr kommen lassen. Er liebt mich selbstsüchtig, nur wegen der guten Dinge. An mir liegt ihm in Wirklichkeit nichts.

Und heute hast du es bewiesen. Du fühltest dich gut, gesund, sorgenfrei. Mein Leben interessierte dich nicht. Du sahst mich nach zehn Tagen wieder und warst kalt. Nicht einmal liebkost hast du mich.

Die Wahrheit ist, dass du vollkommen glücklich bist in Clichy, allein.

Ich werde dafür sorgen, dass du weiterhin deine Sicherheit hast, deine Unabhängigkeit. Aber das ist alles, Henry. Alles Übrige ist tot. Du hast es umgebracht.

Maria Stuart und James Bothwell

Maria Stuart (1542–1587) war die Tochter des schottischen Königs und dessen zweiter Frau, Marie de Guise. Nach dem Tod ihres Vaters wurde sie mit sieben Tagen (!) Königin von Schottland. Mit sieben Monaten verlobte man sie mit dem sechsjährigen einzigen Sohn des protestantischen Königs Heinrich VIII., den sie mit elf Jahren heiraten sollte. Daraus sollte nichts werden, denn als Maria wenige Monate nach der Verlobung zur schottischen Königin gesalbt wurde, erklärte die katholische Partei Schottlands dieses Bündnis für aufgelöst.

Daraufhin marschierte Heinrich VIII. in Südschottland ein. Zwei Jahre später spaltete ein weiterer englischer Straffeldzug das katholische Schottland in ein katholisches und in ein protestantisches Lager. Maria wurde an den französischen Hof geschickt. Ihre Mutter verwaltete indessen mit Hilfe französischer Truppen Schottland, konnte aber nicht verhindern, dass das Land zur Gänze protestantisch wurde. Maria genoss in Frankreich eine hervorragende Erziehung, lernte mehrere Sprachen, konnte wunderbar singen und dichten und wuchs zu einer schönen jungen Frau heran.

Sie heiratete Franz II., den Sohn von Henri II. und Katharina de Medici, und wurde nach dem Tod ihres Schwiegervaters Königin von Frankreich.

Nach dem Tod ihres Ehemannes kehrte Maria nach Schottland zurück, wo man ihr eher Misstrauen als

Zuneigung entgegenbrachte, allein schon deshalb, weil sie auch hier mehr Französisch als Englisch sprach.

In England regierte unterdessen bereits drei Jahre lang Elisabeth I., mit der Maria bereits Streit hatte, nachdem sie den englischen Thron – unberechtigterweise – für sich selbst beansprucht hatte.

Nun, um die Geschichte, die ja bei Schiller etwas anders ausfiel, kurz zu machen:

Auch in ihrer Heimat war die bildschöne Frau umschwärmt, die Männer lagen ihr zu Füßen. Eine Liebesheirat sollte bald zu einer großen Enttäuschung werden. Ihr einst heiß geliebter Mann entwickelte sich zu einem Trunkenbold und Taugenichts und ließ aus Eifersucht Marias Vertrauten ermorden.

Kurz nach dem Mordfall an ihrem Sekretär lernte sie den Earl of Bothwell kennen und verliebte sich in ihn. Es heißt, er habe den verhassten Ehemann mit ihrer Hilfe ins Jenseits befördert. Beweise dafür gab es keine. Bothwell selbst wurde von seiner Frau auf deren Wunsch geschieden und bald danach Marias Ehemann Nummer drei.

Das schottische Volk war über das Verhalten der Königin empört und verlangte Gerechtigkeit für den angeblich ermordeten zweiten Ehemann, von dem sie auch einen Sohn hatte: Jakob VI.

Maria und Bothwell mussten fliehen; Maria wurde von den schottischen Lords gefangen genommen und gezwungen, zu Gunsten ihres Sohnes abzudanken, um einer Anklage wegen Ehebruchs und Beihilfe zum Mord zu entgehen. Es gelang ihr die Flucht nach England, wo sie von Elisabeth I. zunächst aufgenommen wurde und letzten Endes in verschiedenen Schlössern 19 Jahre lang in Gefangenschaft lebte. Ihr dritter Ehemann war bereits nach Dänemark geflüchtet.

England musste nun jederzeit mit einem Eingreifen spanischer und französischer Truppen rechnen, die bereit waren, Maria zu befreien. Die Ratgeber am englischen Hof sahen in Marias Hinrichtung die einzige Möglichkeit, einen Krieg mit katholischen Staaten zu verhindern.

Nach der Entdeckung einer erneuten Verschwörung seitens Marias gegen die englische Königin, den „Bastard", wie sie sie nannte, willigte Elisabeth I. nach langem Zögern ein, das Todesurteil zu unterschreiben.

Maria Stuart wurde am 8. Februar 1587 in Schloss Fotheringhay enthauptet.

Kurz vor der angeblichen Ermordung ihres verhassten Ehemannes schrieb sie folgenden Brief an ihren Geliebten:

Maria Stuart an James Boswell

Verbrennt diesen Brief, denn er ist höchst gefährlich. Es steht nicht viel Gutes darin, weil ich an nichts anderes denke als an Betrug. Wenn Ihr beim Empfang dieses Schreibens in Edinburgh seid, so lasst es mich in Bälde wissen.

Seid nicht böse, denn ich traue eben niemandem recht.
Da ich bloß daran denke, Euch zu gehorchen, mein
Geliebter, so achte ich weder auf Ehre noch Gewissen
noch Zufall noch irgendeine Größe. Nehmt dies bitte
gut auf und nicht nach Art Eures falschen Bruders, dem
Ihr ja nach meiner Bitte nicht mehr glauben sollt gegen
die treueste Geliebte, die Ihr je gehabt. Seht diejenigen
nicht an, deren falsche Tränen nicht so geachtet werden
sollten als die treuen Bemühungen und Leiden, die ich
auf mich nehme, um ihre Stelle zu verdienen.
Um dich zu bekommen, tue ich, was gegen meine
Natur ist, betrüge alle, die mich daran hindern wollen.
Gott vergebe mir und Gott vergebe Euch, mein süßer
Geliebter, alle die Glückseligkeit, die Eure demütige
und treue Geliebte Euch wünscht ...
Es ist schon spät, und doch kann ich nicht aufhören, an
Euch zu schreiben. Ich küsse Euch nun die Hände und
schließe den Brief. Entschuldigt mein schlechtes Ge-
schreibsel und lest es lieber zweimal.
Entschuldigt auch das, worauf ich geschrieben habe,
denn ich hatte gestern kein anderes Papier.
Denkt Eurer Geliebten und schreibt an sie, und zwar
recht oft. Liebt mich, wie ich Euch liebe.
M (aria) R (egina)

Clemens von Brentano und Sophie Mereau

Sophie Mereau wurde im März 1770 in Altenberg, Deutschland geboren. Sie pflegte Bekanntschaft mit Schiller, Herder und den Brüdern Tieck und war in erster Ehe mit Friedrich Mereau verheiratet. Sophie Mereau arbeitete bei einer Frauenzeitschrift und setzte sich für die freie Partnerwahl für Frauen ein. 1801 ließ sie sich von ihrem Ehemann Mereau scheiden und heiratete 1803 den Dichter Clemens von Brentano. Die Mutter von drei Kindern stirbt mit 36 Jahren bei der Geburt ihrer jüngsten Tochter, die tot auf die Welt kommt.

Clemens Brentano wurde am 8. September 1778 in der Nähe von Koblenz geboren. Er gehörte zum Kreis der Heidelberger Romantik. Gemeinsam mit seinem Freund Achim von Arnim, der später Brentanos Schwester Bettina heiratete, veröffentlichte er die Volksliedsammlung „Des Knaben Wunderhorn". Er stirbt am 8. Juli 1842 in Aschaffenburg.

Sophie Mereau an Clemens Brentano, kurz vor ihrer Heirat

Clemens, ich werde dein Weib – und zwar so bald als möglich. Die Natur gebietet es, und so unwahrscheinlich es mir bis jetzt noch immer war, darf ich doch nun nicht mehr daran zweifeln. Meine Gesundheit, deine Jugend, meine jetzige Kränklichkeit – ist dir, Unbefangenem, denn nie etwas dabei eingefallen? Und doch kann ich nicht länger schweigen. Wärest du bei mir, so wollt' ich es dir sagen. Mit einem Kuss, doch will die Feder nicht zu schreiben wagen den Götterschluss.

Geheimnisvollstes Wunder, so auf Erden die Götter tun, was nie enthüllt, nie kann verborgen werden – so rate nun! Denk Schmerz, Lust, Leben, Tod in einem Wesen verschlungen ruhn, denk, dass ein ahndungsvoller Sänger du gewesen – errätst du's nun?

Wärst du in deine vorigen Grausamkeiten zurückgefallen, so war ich fest entschlossen, eine Diebin zu werden und mit deinem Eigentum an einen Ort zu flüchten, den ich mir schon ersehen hatte, wo du mich nie, nie wiedergefunden hättest; so aber, da deine Briefe in schönem Zusammenhang wie eine Kette von goldnen Blumen um mich geschlungen und mich ununterbrochen immer näher zu dir geführt haben, will ich dir dein Eigentum zurückbringen und sorgsam bewahren. Mein Herz ist jetzt so frei, so leicht, so mutig, dass ich kaum noch weiß, ob ich eins habe – und meinen Kopf entführen mir Menschen, Geschäfte und Briefe. Ich habe deinetwegen schon wieder Streit gehabt. Es ist sonderbar, dass auch nicht ein Mensch ist, der nicht deine Talente bewundert und deinen Charakter fürchtet. Nur ich, ich fürchte ihn nicht; es macht mich ganz fröhlich, mich einmal so ganz allein, keck der ganzen Welt entgegenzustellen.

Ich werde mit dir glücklich sein, das weiß ich; ob ich es bleiben werde, das weiß ich nicht, aber was geht mich die Zukunft an?

Clemens Brentano an Sophie Mereau

Liebes Weib! Heute erhalte ich deinen Brief, der dich mir gibt, und, was ich auf Erden vom Himmel begehrte, ein Kind. Diese Botschaft hat mich so wunderbar überrascht, dass ich nicht denken, nicht fühlen kann, wenn ein Geist neben mir steht, muss es so sein, und Verkündigung eines Engels. Ave Maria. Ich habe nur wenige Minuten Zeit, bis die Post geht, die soeben gekommen, deswegen sage ich dir nur Folgendes:

Mein letzter Brief erklärt dir bestimmt die Versendung, ich erwarte nun die bestimmte Anzeige deiner Abreise, und ob ich bis Eisenach oder Hersfeld entgegenkommen soll und auf welchen Tag, mit bestimmtem Datum, ich dich mit einer Kutsche wechselnd an diesem oder jenen Ort treffen soll; was die Kopulation* angeht, will ich sorgen, alles zu haben, was ich bedarf, doch scheint mir die Sache, wie ich weiß, an anderen Orten vielleicht mit Schwierigkeiten verbunden, sie könnte ebenso gut hier gut abgetan werden bei meinem Freund Bang auf dem Dorf, auf welches wir noch eher können als hierher; alles das ist zu verabreden, sobald wir uns treffen, wo und wann, das ist die Frage, auf die du mir bestimmt antworten musst. Dein Clemens.

Grüße mein Kind, ich bin glücklicher, als ich es verdiene, es ist glücklicher, als es verdient, von dir unterm Herzen getragen zu werden.

Auch das gab es damals schon. Zu „dritt" vor den „Traualtar"!

---

* Kopulation: altes Wort für Trauung

Sophie Mereau an Clemens Brentano

*Oh, du Ungeheuer, Genie, Bösewicht, Lügner, Ver-
leumder, Räuber, Schriftsteller, Komödiant ... Ich bin
außer mir, ich sterbe, ich bin schon tot. Betraure mich,
weine ein paar verführerische Tränen ... Wie interessant wirst du sein in deinem heuchlerischen Schmerz,
deine Koketterie lockt mich von den Toten zurück, ich
kehre noch einmal ins Leben, um mich von Neuem in
dich zu verlieben.*

Albert Einstein und Mileva Maric

Mileva Maric wurde am 19. Dezember 1875 in Titel, damals österr.-ungar. Monarchie, als Tochter einer wohlhabenden Familie geboren. Nachdem Frauen in ihrer Heimat nicht studieren durften, ging die begabte junge Mileva nach Zürich. Dort lernte sie während des Studiums an der polytechnischen Universität Albert Einstein kennen und lieben, und das blieb nicht ohne Folgen. Mileva wurde schwanger, ging in ihr Elternhaus zurück, und dort wurde 1902 die uneheliche Tochter Lieserl geboren. Mileva kehrte nach der Geburt ohne die Tochter in die Schweiz zurück und heiratete Albert Einstein. Lieserl blieb bei ihren Eltern, wo sie angeblich mit 21 Monaten starb.

In der Ehe gab es zwei Söhne, von denen einer geistig behindert war und sein Leben vorwiegend in Anstalten verbrachte. Seine Mutter blieb immer in seiner Nähe.

Einstein war kein besonders treuer Mann, flirtete gern und hatte auch ein Verhältnis mit seiner Cousine Elsa, die er später heiratete. Er liebte die Musik, spielte Geige und war begeisterter Segler.

Die erste Ehe wurde nach 16 Jahren geschieden. Mileva lebte bis zu ihrem Tod 1948 in Zürich. Ihr Grab wurde eingeebnet, nachdem die Friedhofsgebühren nicht bezahlt wurden.

Ihr ältester Sohn wanderte 1937 in die USA aus.

Albert Einstein wurde am 14. März 1879 in Ulm geboren und begann sehr spät zu sprechen, was seine Familie ziemlich beunruhigte. Nichtsdestotrotz entwickelte sich in aller Stille ein brillanter Geist, wie wir wissen.

Trotz vieler Hürden und anfänglicher Ablehnung durch namhafte Physiker setzte er sich letzten Endes mit seinen Theorien durch.

1921 erhielt er den Nobelpreis für Physik. Noch heute wird darüber gerätselt, wie weit Mileva Einstein ihrem Mann bei der Entwicklung der allgemeinen Relativitätstheorie geholfen hat.

Einstein absolvierte gemeinsam mit seiner zweiten Frau Elsa viele Vortragsreisen, auch in die USA. Bedingt durch die politische Entwicklung in Deutschland und die Judenverfolgung unter den Nazis, emigrierte er in die USA und nahm die amerikanische Staatsbürgerschaft an.

Er starb am 18. April 1955 im Alter von 76 Jahren in Princeton, New Jersey. Seine Asche wurde an einem unbekannten Ort verstreut.

Die folgenden Briefe sind aus der Zeit des „jungen Glücks" mit seiner ersten Frau Mileva:

Mileva Maric an Albert Einstein
Mei liebs Johonesl!
Da ich dich so gern hob und du so weit bist, dass ich dir kein Putzerl (wohl Busserl gemeint) geben kann, schreib ich dir jetzt dieses Brieferl und frag dich, ob du

*mich auch so gern host wie ich dich? Antworte mir
sofort.*
Tausende Küsserline von deins
D(oxerl)

Mileva Maric an Albert Einstein
Mein lieber Johannzel!
*Heute bekam ich dein 1. Brieferl, aus dem ich mit Ver-
wunderung ersah, dass du mein Zusagebriefchen nicht
bekommen hast. Sollte es wirklich verloren gegangen
sein? Aber hoffentlich hast du es unterdessen doch bekommen. Gestern schrieb ich dir auch ein Kärtchen in
schlechtester Laune, wegen einem Brief, den ich bekam.
Aber wo ich dein Brieferl heute las, wurde ich ein bisschen lustiger, da ich sehe, wie lieb du mich hast, und
denke, machen wir das Reiserl doch. Und komme also
am Sonntag Morgen um 5 Uhr nach Como, weil ich
nicht einen ganzen Tag mit der Route, die ich schon
kenne, verlieren darf (gellst, da schaugst, was für ein
braves Schatzerle du hast). Du bist entweder schon am
Bahnhof, was schwerlich gehen wird, oder ich erwarte
dich mit dem ersten Zug, der aus Mailand kommt.
Dann wollen wir einen Teil des Sees zu Fuß ablaufen
und botanisieren und schwatzen und uns miteinander
freuen.*
*Und so gerne hast du dein Doxerl und so Sehnsucht
hast nach ihr!*
*Wie freut sie sich immer mit deinen Briefchen, die vol-
ler heißer Liebe sind, und die ihr zeigen, dass du wieder ihr lieber Schatz bist, von früher her, und Gotterl!*

Was hat sie dir für schöne Putzerline aufbewahrt!
Wie freue ich mich auf Sonntag! Jetzt sind nur noch
zwei Tage bis dahin, also verschlaf dich nicht. Es
erwartet dich mit tausend Freuden dein geplagtes
Toxerline

Mileva Maric an Albert Einstein
Liebstes Schatzerl!
Jetzt habe ich schon dein zweites Brieferl erhalten und
bin so glücklich, über alle Maßen. Wie lieb du bist, oh
ich werde dich busseln, ich kann das Ende der Woche
gar nicht erwarten, bis du kommst.
Bis dahin will ich nun recht fleißig sein, um mich dann
ganz mit dir freuen zu können – Gotterl, wie wird da
die Welt schön aussehen, bis ich dein Weiberl bin. Du
wirst sehen, es wird kein glücklicheres Weibchen geben
auf der ganzen Welt, und dann muss das Manderl auch
so sein.
Leb wohl, mein süßes Schatzerl, und komm recht lustig
Ende der Woche zu Deinem
Weiberl

Dreizehn Jahre später, als Einstein Milevas überdrüssig geworden war, weil er bereits ein Verhältnis mit seiner Cousine hatte, selbst aber nicht den ersten Schritt zu einer Trennung unternehmen wollte (Männer!!), schrieb er an Mileva folgenden Brief, in dem er die Bedingungen zur Aufrechterhaltung der Ehe festhielt, und sie ließ sich das offenbar gefallen (Frauen!!):

18. Juli 1914

A. Du sorgst dafür, dass

1. *meine Kleider und Wäsche ordentlich im Stand gehalten werden.*
2. *ich die drei Mahlzeiten im Zimmer ordnungsgemäß vorgesetzt bekomme.*
3. *mein Schlaf- und Arbeitszimmer stets in guter Ordnung gehalten sind, insbesondere dass der Schreibtisch mir*
4. *allein zur Verfügung steht.*

B. Du verzichtest auf alle persönlichen Beziehungen zu mir, soweit deren Aufrechterhaltung aus gesellschaftlichen Gründen nicht unbedingt geboten ist. Insbesondere verzichtest du darauf, dass

1. *ich zu Hause bei dir sitze.*
2. *ich zusammen mit dir ausgehe oder verreise.*

C. Du verpflichtest dich ausdrücklich, im Verkehr mit mir folgende Punkte zu beachten:

1. *Du hast weder Zärtlichkeiten von mir zu erwarten noch mir irgendwelche Vorwürfe zu machen.*
2. *Du hast eine an mich gerichtete Rede sofort zu sistieren, wenn ich darum ersuche.*
3. *Du hast mein Schlaf- bzw. Arbeitszimmer sofort ohne Widerrede zu verlassen, wenn ich darum ersuche.*

D. Du verpflichtest dich, weder durch Worte noch durch Handlungen mich in den Augen meiner Kinder herabzusetzen.

Diesem Brief ist wohl nichts mehr hinzuzufügen!
Genie ja, aber als Ehemann?

MEINE SCHARFE POST

Natürlich will ich Ihnen auch jene Liebesbriefe nicht vorenthalten, die ich im Laufe meines Lebens bekommen habe. Alle zeige ich nicht her! Alle würden Sie auch gar nicht interessieren! Und so habe ich gekramt, sortiert und geordnet! Ich muss zugeben, es hat mir Spaß gemacht, aber auch ein wenig Wehmut beschert! Wie das halt so ist, wenn man in der Vergangenheit spazieren geht! Das geht mir genauso wie Ihnen!
Und so will ich Ihnen jene Briefe anvertrauen, die ich eben speziell für Sie ausgesucht habe und von denen ich hoffe, dass Sie ein wenig Gefallen daran finden oder was auch immer!
Übrigens: Die Briefe, die ich selbst einmal an ein geliebtes Wesen geschrieben habe, kann ich leider hier für Sie nicht abdrucken, weil sie natürlich längst nicht mehr für mich erreichbar sind!
Allerdings, ich habe in meiner elterlichen Wohnung noch jene Briefe gefunden, die ich an meine Eltern geschrieben habe, als ich mit achtzehn Jahren als Austauschstudentin für ein Jahr in die USA gegangen bin. Einige Ausschnitte davon habe ich für Sie in diesem Kapitel untergebracht! Und ich empfinde sie durchaus als Liebesbriefe der etwas anderen Art!
Aber lesen Sie selbst!

Nach meiner Matura in Wien bekam ich ein Stipendium von AFS (American Field Service) und damit einen Aufenthalt in den USA, in Michigan, in einer winzigen Stadt mit Namen Paw Paw. Das ist übrigens das indianische Wort für Papaya! Dort hat sich eine amerikanische Familie um eine europäische Studentin beworben und mich bekommen. Ich habe quasi als „viertes" Kind ein Jahr lang bei dieser Familie gelebt, und zwar von Juli 1961 bis Juli 1962. Gemeinsam mit der Gemeinde hat meine neue Familie meinen Aufenthalt finanziert. Meine Eltern mussten auch einen Teil dazu beitragen, was nicht so einfach war, weil ich nicht aus begütertem Hause komme. Es war also durchaus ein finanzielles Opfer für meinen Vater. Aber nicht nur!

Hier einige Ausschnitte aus meinen Briefen an meine Eltern ab August 1961:

... und ich danke euch für eure Bemühungen, mir dieses interessante Erlebnis zu ermöglichen. Es ist nicht mit Gold aufzuwiegen, und ich weiß, was es dich gekostet hat, Papa, (in jeder Hinsicht*) und ich danke dir, Mutti, für jede Unterstützung, die ich von dir erhalten habe! Ihr seid weit weg von Paw Paw, aber ich fühle

---

* *Mein Vater war anfangs sehr gegen meine Idee, ein Jahr in die USA zu gehen. Meine Mutter hat es möglich gemacht, und wir beide haben uns schließlich durchgesetzt.*
Vielleicht sollte ich noch erwähnen, dass ich den Dickkopf meines Vaters geerbt habe. Aber nicht immer ist „mein Wille" geschehen, was ihn betraf. Ganz im Gegenteil!!

*mich sehr verbunden mit euch. Bitte, bleibt so
verständnisvoll, nicht für mich allein, sondern auch
besonders für meine Schwester. Sie braucht das auch
sehr. Ich schätze und liebe Elfi sehr, und ich habe sie zu
gern, um sie mit irgendwelchen unlösbaren Problemen
zu wissen.*

*Vielleicht weiß sie gar nicht, wie sehr ich an ihr hänge,
aber ich glaube, dass zwischen ihr und mir ein schönes
Verhältnis gewesen ist. Ich wünsche mir, dass es so
bleibt und dass sie nicht vergisst, dass ich auch noch in
Amerika ihre Schwester bin …*

*Alles, alles Liebe! Tausend Busserln! Mögen eure Träu-
me von mir mit Sanftmut gesegnet sein!*

Am 16. November 1961 schrieb ich aus Paw Paw an
meine Mutter, völlig aufgeregt, nachdem mir meine
Pflegeeltern zu Weihnachten einen Anruf nach
Wien geschenkt hatten:

Liebe Mutti!
*Heute habe ich erfahren, dass mein Anruf am 26. No-
vember in Wien durchkommt. Natürlich habe ich mich
sofort hingesetzt, um dir zu schreiben. Ich muss mich
sehr beeilen, euch mitzuteilen, dass es möglicherweise in
Wien 4 Uhr früh am 27. November sein wird. Die
Verbindung mit Europa ist bis Weihnachten blockiert,
und das war das einzige Datum, das ich bekommen
habe. Nun, du hast irgendwann erwähnt, dass ihr eine
neue Telefonnummer bekommen habt! Bitte, antworte
mir sofort und schick sie mir! Ich bin ziemlich aufge-*

*regt. Lass mich nicht im Stich! Ich warte wie verrückt!
Ich schreib jetzt nur ganz kurz, das ist eine Express-
meldung, um ganz sicher zu sein, dass ihr nicht im Bett
seid und womöglich den Anruf überhört!*

Und nach dem Anruf, bei dem ich natürlich auch in
Tränen aufgelöst war, habe ich gleich wieder einen
Brief geschrieben:

*Dieser Anruf war so aufregend für mich, und ich war
so froh, dass ich eure Stimmen hören konnte. Manchmal fiel es mir ein wenig schwer, nicht ins Englische zu-
rückzufallen, doch ich glaube, es war nicht zu schlecht.
Unser Empfang war relativ gut, und ich war irrsinnig
aufgeregt.
Das ist wirklich ein wunderbares Weihnachtsgeschenk
für mich gewesen! ...
Ich wundere mich, was wohl aus meinem Paket
für euch geworden ist? Es macht mich auch nervös, dass
ich von einem zum anderen Mal nicht weiß, ob ihr
meinen Brief bekommen habt oder nicht! Ich schreibe
regelmäßig jede zweite Woche und verstehe euren
Unmut nicht! Ich weiß nicht, was los ist. Vielleicht
lernt irgendein Postbeamter mit Hilfe meiner Briefe
Deutsch, wer weiß?
Ich denke viel an euch. Ich liebe euch von ganzem
Herzen und danke euch für alles, was ihr für mich
getan habt ...*

Was war ich doch für eine liebe Tochter!

Übrigens: Briefe wie diesen wird es wohl zwischen den USA und Europa nicht mehr geben! In Zeiten von Handys und Internet muss niemand mehr wochenlang auf eine Verbindung zwischen Michigan und Wien oder wie auch immer warten.
Und das ist einerseits gut so ...

Ein Heiratsantrag an meinem 24. Geburtstag in Form einer Widmung in einem Buch mit Liebesgedichten:

Willst wissen, wie sehr ich dich liebe,
Wie groß und wie lang dieses Ding,
Wo Anfang und Ende bliebe,
Dann zeig ich dir einen Ring.

Das Buch habe ich noch. Geheiratet habe ich viel später. Meine Ehe hat ein Jahr gedauert. Mein Ex-Mann und ich sind immer noch Freunde.

Es war einmal ein Mann in meinem Leben – sehr geliebt und auch erwidert –, dessen jähe Zornesausbrüche aus heiterem Himmel unserem langen und intensiven Liebesglück ein Ende machten. Ähnliche Wutanfälle habe ich nur als Kind in einem Märchenfilm gesehen. Deshalb nannte ich die unvorhergesehenen Attacken ganz im Geheimen die Rumpelstilzchennummer.

Und dennoch, auch von diesem Herrn gibt es durchaus liebenswerte Zeilen und Zeichen, besonders wenn wir ausnahmsweise für kurze Zeit getrennt waren, weil ich ihn – was nicht oft vorkam – auf einer Reise nicht begleiten konnte. Dann kamen aus Japan, Korea oder Brasilien via Hotmail ganz viele Lebenszeichen. Zum Beispiel:

lulu   lulu
lululululu lululululu
lulululululululululululu
lulululululululululululu
lululululululululu
lululululululululu
lululululu
lulululu
lu*

Ich finde das nach wie vor sehr originell und habe mich damals auch sehr darüber gefreut!

---

* lu: Sie haben es erraten = love you

Diese Seite bleibt leer, für alle persönlichen Liebesbriefe, die im Zuge meiner zahlreichen Wohnungswechsel auf der Strecke – wo eigentlich? – geblieben sind!

 KAROTTENBRIEFE

„Meine Karotte!", so hat mich nämlich jemand einmal liebevoll genannt. Wohl wegen meiner Haarfarbe!? Vermutlich, denn wegen meiner Zähne, die vielleicht an einen Hasen hätten erinnern können, ganz sicher nicht. Mein Zahnarzt hat schon dafür gesorgt, dass sich meine Zähne in Reih und Glied präsentieren und keiner aus der Reihe tanzt.
Die Karottenbriefe mag ich sehr gern, weil sie aus einem heißen Flirt entstanden sind, der ein Flirt geblieben ist! Ob mir das Leid tut, weiß ich nicht. Aber ich weiß, dass ich mich immer noch an den Briefen erfreue, weil sie originell und liebevoll sind. Ich habe den verführerischen Schreiber aus den Augen verloren – seine Briefe habe ich behalten.
Einige davon können Sie jetzt lesen, falls Sie Lust dazu haben!

1. KAROTTENBRIEF

Hallo Du,
Kaum bin ich aufgewacht, – zack – fällt mir schon die
Lohner, dieser liebe Karottenschädel, ein. Als ob man
in der Früh keine anderen Sorgen haben könnte, nicht?
Nun berate ich mich in solchen Fällen mit meinem
Freund Laotse – weißt eh –, und der meinte, ein
Mädchen zieht im Falle eines Falles mehr als ein Paar
Wasserbüffel. Warum also nicht mich auch.
Na, es besteht kein Zweifel: Ich fühle mich ungeheuer
gezogen, hingezogen. Aus diesem Grund habe ich auch
beschlossen, die Jagd auf die blauen Riesen (1000
Schillingscheine, Anmerkung der Buchautorin) zu
Gunsten der Jagd auf ..., nein, zur Gunsterringung
einer süßen Karotte etwas zurückzustellen. Ich sage dir,
Mädel, ohne Liebe ist das Leben eine Qual, aber mit, so
scheint's mir plötzlich, vielleicht eine süßere, aber keine
kleinere. Wie, frage ich dich, komm ich dazu. Ich bin
doch sehr verwundert, wie mir da wird.
Dabei weiß ich es ja besser: Weiber bringen nur Un-
glück ins Haus. So. Doch sollte kein Haus ohne dieses
Übel sein. Gedankenstrich.
Die Überlegung hat also auch nicht geholfen: Wann
sehn wir uns, wann kommst du? Verzeih, du weißt, ich
mein das ganz ehrenhaft, – wie es meiner äußersten,
mit engelhafter Geduld gepaarten Zielstrebigkeit ent-
spricht!
Ganz dir ergeben!
XXX

Wichtig!
Sei stolz auf dich! Für dich ist kaum wer gut genug!
Sogar ich habe ganz <small>*kleine*</small> *Bedenken.*

2. KAROTTENBRIEF

Hier kommt jetzt ein Hinweis aus den Sternen auf dich
zu:

Mittwoch, 9. Juni
KREBS (22.6. bis 22.7.)
Es hat doch keinen Sinn, in privaten Dingen so stur zu
sein.
Sie verderben sich dadurch nur alle Chancen!

PS: Übrigens, woran soll man erkennen, ob unter
einem Karotten-Dach ein Sturschädel oder nur ein
Gipskopf steckt?
Schwierig.

3. KAROTTENBRIEF

Hallo, Karotte!
Hier kommt jetzt ein Hinweis aus den Sternen auf dich
zu:

Aktion „Rettet das Chris-Kind!"
Liebste Karotte!
DER GUTE TIPP
Zum heutigen Horoskop:
„Mit einem kleinen Kummer (im wahrsten Sinne des Wortes) fertig zu werden, fällt leicht."
Klar, ich bin zur Stelle!
„... ihr Privatleben kommt zu kurz!"
... au weh. Warum lässt du mich eigentlich diese Sache nicht managen. Mein Name bürgt für Qualität.
XXX
PS: Dir ist doch wohl klar, dass dieser Tipp in meine Richtung Millionen wert ist.

4. KAROTTENBRIEF

Mir tut ja schon die Hand weh, vom Türenoffenhalten. Wann gedenkst du dieses verdammte Glimmerlichtchen in deiner Wohnhöhle mit dem nötigen Sauerstoff zu versorgen? Dir gehört eine Brandfackel in deine Bude geschmissen oder – noch besser – unter deinen dicken Allerw... gehalten.
Lass deine blöde Freundin schön grüßen und frag sie, ob es ihr auch so schlecht geht, dass sie zum Geburtstag nur die Wahl zwischen einem Rolls-Royce und einem schwarzen BMW hat.
Es tut mir recht Leid, aber ich liebe dich noch immer ...
... aber eines sag ich dir, du Karotte: Wenn du weiter so

inaktiv vor dich hinwächst, dann landest du statt auf der Silberschüssel im Hasenstall.

Man kann sich doch nicht von jedem xbeliebigen anknabbern lassen. Na also!

Daher, du Fetzenschädel, du lieber, süßer, – such dir endlich einen Maßstab, der dir adäquat ist, sonst beginnt selbst ein Überoptimist wie ich an dir zu zweifeln.
XXX

5. KAROTTENBRIEF

Hallo Du!
Laotse lässt dir ausrichten:
Liebe ist ein Glas, das zerbricht,
wenn man es unsicher oder zu fest anfasst.
Und noch was:
Denken heißt vergleichen.*
Alles Liebe!
Aktion Rettet das Chris-Kind
***EILT SEHR**

Natürlich kann man mit wenigen Worten sehr viel sagen. Aber auch mit vielen Worten wenig! Ein Mann in meiner Vergangenheit gehörte zu jener Spezies, die kaum etwas sagt. So unter dem Motto: Ich habe dir schon vor zehn Jahren gesagt, dass ich dich liebe. Wie oft soll ich das noch wiederholen? Nun, dieser Mann hat mit kleinen Zeichnungen mein Herz erfreut: Er nannte mich Christina, obwohl ich ja so nicht heiße. Aber für ihn war ich eben:

Liebe Christina!

… wenn du bei mir bist! Sei lieb umarmt!

Liebe  *!*
Es grüßt dich
dein

!

Es gibt auch sie, die erotischen Briefe in meinem Leben. Einen einzigen will ich Ihnen zeigen. Für mich ist er deshalb so schön, weil er wie ein Schleier auf mich wirkt. Ein Schleier, durch den man nicht alles genau sehen kann, aber doch einiges erkennt.

Karl Kraus über die Erotik: „Erotik ist Überwindung von Hindernissen. Das verlockendste und populärste Hindernis ist die Moral."

Manchmal kann es auch recht lustvoll sein, auf die Überwindung des Hindernisses zu verzichten. Aber für wie lange?

Was meinen Sie?

Immer mehr träume ich von unseren Fast-Berührungen. Von den Funken zwischen uns und von dem plötzlichen Aufeinander-aneinander-Schnellen, von den sanften Lauten, die dies alles begleiten.

Ich träume von den Reisen über unsere Oberflächen und ihrem Ziel in unserem Inneren. Die Wanderung zu der Pforte der Seligkeit, die ich suchend und tastend langsam betrete.

Von all dem träume ich, Liebste, und möchte es sobald wie möglich wieder erleben!

Austauschen, Verschmelzen, Halten und nie mehr loslassen. Wissen, dass all dies nur sein kann, weil es Wunder gibt. Unser ureigenstes Wunder, dem wir uns hemmungslos überlassen wollen!

Ich gehe jetzt zu Bett und nehme all diese Träume mit, und du bist untrennbar mit ihnen verwachsen.

Diese Seite muss einfach leer bleiben, denn ich rechne noch mit einigen wunderbaren Liebesbriefen an mich! Wieso auch nicht! Liebe ist immer und überall und muss sein!

 EIN LETZTES WORT IN SACHEN LIEBE!

Haben Sie jetzt Lust bekommen, selbst einen Liebesbrief zu schreiben? Oder haben Sie jetzt vielleicht Sehnsucht nach einem Liebesbrief?
Auch dann ist es vielleicht eine gute Idee, selbst einen zu schreiben! Wird ja auch meistens erwidert, wie die Geschichte zeigt!
Aber vielleicht haben Sie jetzt nur einfach Lust bekommen, in Ihren alten Liebesbriefen zu schmökern! Auch das ist eine feine Sache!
Wenn mein Buch Sie angeregt hat, in Sachen Liebesbriefe selbst aktiv zu werden – wie auch immer –, so freut mich das!
Danke und viel Vergnügen!

Quellennachweis

Abelard und Heloise
Aus: Abaelard. Die Leidensgeschichte und der Brief-
wechsel mit Heloisa. Übertragen von Eberhard
Brost. Verlag Lambert Schneider Heidelberg 1979

Goethe und Christiane Vulpius
Aus: Astrid Seele, Frauen um Goethe;
rororo-Monographie, Hamburg 1999

„Ich küsse Dich von Kopf bis Fuß…"
Liebesbriefe berühmter Männer und Frauen.
Werner Fuld, Diana Verlag, München 2000

Morgen werde ich selbst Venus eifersüchtig machen.
Die schönsten Liebesbriefe berühmter Frauen.
Johannes Thiele, List Verlag, München 2001

Trotz aufwendiger Recherche ist es nicht gelungen,
alle Urheber der Liebesbriefe aus dem Netz ausfin-
dig zu machen, weshalb wir hier vorerst nur zwei
Autoren angeben können. Der Verlag wird sich um
weitere Klärungen nach bestem Wissen und Gewissen bemühen und gegebenenfalls die Vermerke in
der nächsten Ausgabe des Buches nachtragen.
Bernd Lüttich: *„Ein Traum, der sich nie erfüllt."*
Beate Genkinger: *„Wenn du heute Nacht in den
Himmel schaust."*

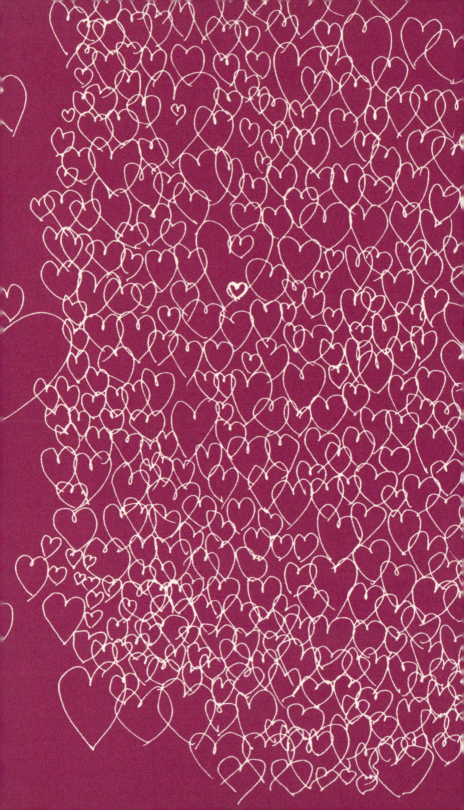